シニア六法

SENIOR ROPPO

弁護士・NPO法人長寿安心会代表理事
監修・著 住田裕子

KADOKAWA

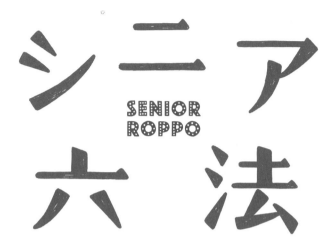

はじめに

令和2年、新型コロナウイルスの襲来によって社会は一変しました。古くはペストにスペイン風邪、近くはSARS《サーズ》、MERS《マーズ》などの伝染性疾患。

また自然災害も、阪神・淡路大震災、東日本大震災を経験し、続く豪雨や猛烈な台風、さらに南海トラフ・関東直下型大地震のおそれが言われています。


これらに対応するポイントは、いずれもリスクから目をそらさずに備えを怠りなく……。

そう、「賢く恐れること」でしょう。


さて、私は令和2年6月に69歳になり、れっきとした高齢者・シニア世代。青春時代の憧れだったスターたちの訃報に接することが増え、悲しみと深い感慨を抱きつつ、身近では友人を相次いで失い、ついには親などの身内も……。そんな状況の真っ只中にいます。

私たちシニアにとって、「老・病・死」はもはや身近なもの。無駄な抵抗はいたしません。

しかしそうはいっても、なるべくなら心地のよいときを長く持ちたい、健康はほそぼそとでも維持したい、トラブルは避けたい……。


そのためにも「老・病・死」に近づくとどんなことが起きるか、そのためにどんな備えをしておくべきか？　これらのリスクとその対応策をまとめたのがこの本です。情報があふれている現代であるからこそ、法律を軸にしてパラパラとめくれ、フンフンと頷ける「六法全書」を編みました。介護トラブルやオレオレ詐欺にあった時の正しい対処法、熟年離婚で「まさか！」に陥らないための知識、成年後見制度や相続の大切な基本……シニア世代にとって大事なポイントを、わかりやすく紹介しています。

ところで、私が代表理事を務めるＮＰＯ長寿安心会では、長寿社会を心豊かに過ごすために、またこの人生の収穫期を確かなものとして楽しむために「３つのキン！」をキーワードとして掲げています。

その一つが「金」、先立つものです。特に、シニア世代はオレオレ詐欺などを敢行している犯罪者集団に狙われています。その対応策を、事例に基づき網羅しました。

また、大切な資産を次世代に承継するための大原則と主なトラブルについても説明しました。いざというときや、思い立ったとき、すぐにでも実行できるように、と使いやすさ、わかりやすさを旨としています。今ではなくても、いずれきっとお役に立てるはずです。

あと２つの「キン」は？　……「おわりに」に掲げました。リスクやトラブルの数々を見ていて、少し切なくなったときにご覧ください。

もくじ

宝
壱千円

モラハラ退散
モラハラ退散
モラハラ退散
三行半

第6章　未来のための相続と遺産

欠格
廃除

え

本書の見《み》方《かた》

本書における「六法」について

「六法」とは、もともと、憲法、刑法、民法、商法、刑事訴訟法、民事訴訟法の6つの法律を指します。「六法」という名前のつく本は、これらの6つに限らず、それぞれの分野に関わる法律をまとめた本です。

本書では、道路交通法、特定商取引法、相続税法など、「六法」以外の法律や条例の中から多くを選んで掲載しています。

現実には、「六法」以外の法律等が多く活用されていることから、シニア世代の毎日を守る大切な法律等を幅広く網羅しました。

各法律について

本書に掲載されている法律は、以下の内容に基づきます。
　民法：令和2年4月1日施行の改正民法の内容
　そのほかの法令：令和2年8月1日現在の内容
各条文は、シニア世代に関係の深いものを選定し、読みやすく掲載しています。一部、完全な正確さより、わかりやすさを優先した表現に置き換えています。
条文の正確な内容が知りたい場合、電子政府の総合窓口「e-Gov（イーガブ）」の法令検索システム（https://elaws.e-gov.go.jp/）の参照をおすすめします。
法律の選定や解説などについては、監修者の責任において編纂しています。

紙幅と読みやすさを考慮し、
基本的な事項を中心にまとめました。
具体的な法律問題や詳細にわたる点については、
弁護士など専門家にご相談ください。
読者のみなさまが直面する問題について
次なるステップに進む一助になれば嬉しく存じます。

第1章

法律の基本と最近の動き

法的責任とは？

責任の意味とは？

法的責任、道義的責任、政治的責任……など、「責任」と一口に言ってもいろいろあります。その中で「法的責任」とは、なんでしょうか？「責任・義務」を果たすうえで重要なこととは？

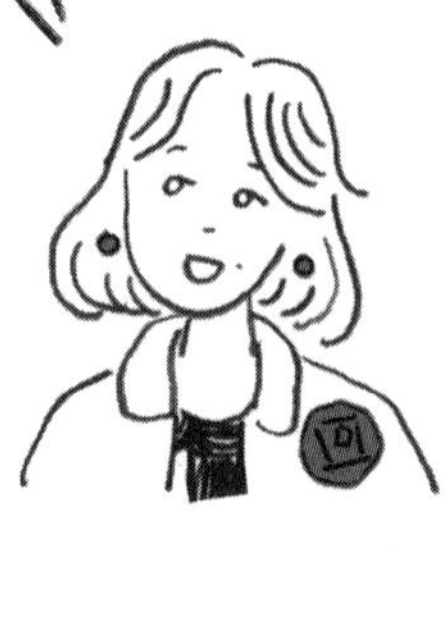

この条文

民法 **第1条（基本原則）**

第2項 権利の行使および義務の履行は、信義に従い誠実に行わなければならない。

第3項 権利の濫用は、これを許さない。

世界各国にある法の原則

法的責任とは、ある法律に基づいてその人に課された義務です。

この責任・義務を果たすうえで世界各国にある原則が、民法第1条の冒頭に掲げられている「信義誠実の原則」「信義則」です。これは、**権利の行使、義務の履行に当たる際は、当事者は信義に従い、誠実に行わなければならない**とするものです。

一方、義務の対となる権利についても重要な原則があります。**たとえ権利があっても、不当な目的や社会的に不相当なやり方で行使してはいけない**という「濫用の禁止」です。「法」の精神となる大原則は、実に道徳的で良識的です。

さまざまな法

法の種類ですが、国内法上、最も上位のものが憲法です。国際法として結ばれたものが条約です。これが国会の承認を経て批准されると国内法としても有効になります。

国内法では、憲法の下に法律があり、さらにその下に政令、府・省令、規則などが続きます。地方自治体には条例があります。

また、法律の文章にはなっていませんが、歴史的な経緯から、その社会の中で法としての意味を持つ「慣習法」があります（例：民法の墓・位牌などの祭祀承継）。

さらに、最高裁判所の判例は、法として機能することが多いでしょう。その内容が法律に組み込まれることもよくあります。

例えば以前の民法では、非嫡出子の法定相続分は嫡出子の半分とされていましたが、最高裁で「違憲」判決が出され、その後、民法が改正されて相続分は平等になりました。

もう一つ、法律の対象からの分類として、私法（例：民法……民間人同士の関係を定める）と公法（例：刑法、行政法……国と国民との関係を定める）があります。

このように法律は多様な種類があります。そのため、**一つの事柄についても法律ごとに別個の法的責任を負う**ことになります。

交通事故を例として、３つの責任を挙げましょう。

- 民事責任＝治療費・車の修理費などの金銭による損害賠償責任
- 刑事責任＝罰金・禁錮などの刑罰
- 行政責任＝自動車運転免許の停止・取り消しなどの行政罰

民事と刑事の違い①

損害賠償と刑罰

民事事件は、民間人（私人）同士の争いで、損害賠償責任・契約を履行する責任などが定められています。刑事事件は、犯罪についての責任を追求するものです。検察官が起訴し、被告人が有罪の場合には、罰金・懲役などの刑罰が科されます。

この条文

民法　第709条（不法行為による損害賠償）

故意、または過失によって他人の権利、または法律上保護される利益を侵害した者は、これによって生じた損害を賠償する責任を負う。

この条文

刑法　第199条（殺人罪）

人を殺した者は、死刑、または無期、もしくは5年以上の懲役に処する。

ここでは事例を挙げながら、民事責任と刑事責任のそれぞれについて説明しましょう。

民法の不法行為（損害賠償責任）

民法では、加害者は「損害賠償責任」を負います。要件は次の4つに分けられます。

①故意または過失

「故意」とは、意図的に、わざと行為に及ぶことです。

「過失」とは、ついうっかりと、誤って行為をしてしまうことです。この過失が認められるためには、「予見可能性」（予想ができた）と「結果回避可能性」（避けることができた）の2要素が必要です。

例えば、「自動車を運転中、いきなり子どもが目の前に飛び出してきて衝突事故を起こした」という場合を見てみましょう。

この場合は、予見可能性があったか（この道路付近は子どもがよく遊んでいて飛び出しがあり得るなど）、結果回避可能性があったか（飛び出してきてもすぐに停車できるよう徐行していたなど）などで判断されます。

2つの要素のいずれもまったく期待できないような場合は「不可抗力」として責任を免

れます。「法は不可能を強いない」という格言にあるとおりです。

②権利または法律上保護される利益の侵害

生命・身体・財産などの権利・利益への侵害はわかりやすいですが、**精神的な苦痛は、どの範囲までが、どの程度保護されるか（金額）は、ケースにより異なります。**セクシャルハラスメント、パワーハラスメント、プライバシー侵害、ＬＧＢＴの立場など、以前は認められなかったものも、しだいに保護が厚くなっています。

③これによって生じた（因果関係）

原因と結果を結びつけるのが因果関係です。原因から結果発生に至るまで、単に事実がつながっているという関係があるだけでは足りません。**偶発的ではない、「社会的に相当」とみられる関係性のあることが必要です。**

争われる例として、交通事故の原因においては、「自動車のブレーキなどの不具合から急発進したためで、運転操作の誤りではなく、因果関係がない」と主張されたりします。

④損害

損害には、具体的に発生した「積極損害」（入院費用、治療費など）だけでなく、得られるはずであったのに失ってしまった「消極損害」（休業損害、死亡の場合は将来得られるはずの利益・逸失利益）もあります。また、慰謝料や物的損害も入ります。

争われる場合には、派生して拡大した損害、後遺症などが因果関係も含めて問題となります。

なお、民事責任は、被害を埋め合わせるためのものですから、加害者の故意・過失は、損害額の算定にあまり影響はありません。

刑事責任……犯罪になるか？　どんな罪名になるか？

民事上の不法行為と異なり、刑法の犯罪は、故意があるかどうか、また、過失でも重大な過失かどうかによって、刑罰の重さが違います。刑事責任は結果も重要ですが、処罰するうえで行為の悪質性を問うためです。


【事例】

ナイフで人を刺してしまった。傷つけてしまった。


殺そうと思い切り付けて死なせた場合は、「殺人罪」です。「傷つけよう」という故意なら「傷害罪」ですが、意外と深い傷になり、結果的に死亡させてしまうと「傷害致死罪」です。

ところが、「傷つけるつもりだが、場合によっては死ぬかもしれないし、死んでもかまわない（死の結果を消極的ながら受け入れている）」という場合は、「未必の故意」があるとして、「殺人罪」になります。

故意がまったくなく、ついうっかりとナイフで傷つけてしまった場合は「過失傷害罪」です。その結果、死亡させた場合は「過失致死罪」です。

ところが、「人が密集している場所で、ナイフを振り回していてけがをさせてしまった」などのように、過失の程度がひどく悪質で、「重大な過失」とみられる場合は、「重過失傷害罪」になります。死亡した場合は、「重過失致死罪」です（次ページ表参照）。

民事責任は、被害が発生している以上、故意でも過失でも責任を負います。一方刑事責任は、原則として故意による行為を処罰します。

過失による犯罪は例外的で、人の生命・身体に危害を及ぼすものに限っています。誤って物を壊しても、過失による器物損壊は刑法上の犯罪ではありません。法律で、罪と定められていない行為は処罰しないこと、これを「罪刑法定主義」といいます。近代国家の大原則です。

行為の悪質性と刑罰の重さ

<table>
<tr><th>故意／過失</th><th></th><th>罪名</th><th>処罰</th></tr>
<tr><td>故意</td><td>ナイフで刺して
殺してやろう</td><td>殺人罪</td><td>死刑／無期懲役／
5年以上の懲役</td></tr>
<tr><td>故意</td><td>ナイフで
傷つけてやろう</td><td>傷害罪</td><td>15年以下の懲役／
50万円以下の罰金</td></tr>
<tr><td>故意</td><td>ナイフで傷つけてやろう
(殺すつもりはない)
→結果的に死んでしまった</td><td>傷害致死罪</td><td>3年以上の
有期懲役</td></tr>
<tr><td>未必の故意</td><td>ナイフで傷つけてやろう
(死ぬこともあるだろうし、
もし死んでも構わない)</td><td>殺人罪</td><td>死刑／無期懲役／
5年以上の懲役</td></tr>
<tr><td>過失</td><td>うっかり
傷つけてしまった</td><td>過失傷害罪</td><td>30万円以下の罰金／
科料</td></tr>
<tr><td>過失</td><td>うっかり傷つけてしまって、
死なせてしまった</td><td>過失致死罪</td><td>50万円以下の罰金</td></tr>
<tr><td>重大な過失</td><td>人の密集した場所(人を傷つ
ける可能性が十分に予想さ
れる)でナイフを振り回して
人を傷つけてしまった</td><td>重過失傷害罪</td><td rowspan="2">5年以下の懲役／
禁錮／
100万円以下の罰金</td></tr>
<tr><td>重大な過失</td><td>人の密集した場所(人を傷つ
ける可能性が十分に予想さ
れる)でナイフを振り回して
人を殺してしまった</td><td>重過失致死罪</td></tr>
</table>

どのような場合に殺意が認定される？

これだけ刑罰の重さが違うわけですから、犯人が「殺意を否認する」ことも当然あるでしょう。否認した場合に、殺意（内心の意図）を認定するポイントはどこでしょうか。

例えば、保険金殺人を計画して共犯者と相談していた場合、「殺すつもりだ」と知人に打ち明けたり、メモに残していたりした場合や、「殺してやる」と叫びながら行為に及んだ場合などは、内心の意図が現れているため認定しやすいでしょう。

そのような証拠がない場合でも、次のような点で認定されます。

- 凶器……鋭利な刃物、銃器、重い金属や硬い岩塊　など
- 犯行の態様……頭・頸・胸部など身体の枢要部への攻撃、多数回にわたる攻撃、強い攻撃、深く刺した　など
- 動機……保険金狙い、対立・憎悪関係にあった、ひどく侮辱された　など
- 殺意を推認される事実があるか……高額の保険に行為直前に加入させていた、『ばれない殺人のやりかた』などの本がある、殺害方法についてインターネット検索履歴がある、凶器や毒物を事前に入手していた　など

刑事事件の捜査では、このような手がかりを発見するために、いわゆる家宅捜索（捜索、差し押さえ）をしてパソコン、携帯電話、書籍、メモ類などを押収し、その内容を精査するとともに、関係者からの事情聴取をします。

その他の条文

刑法 **第204条（傷害罪）**
人の身体を傷害した者は、15年以下の懲役、または50万円以下の罰金に処する。

刑法 **第205条（傷害致死罪）**
身体を傷害し、よって人を死亡させた者は、3年以上の有期懲役に処する。

刑法 **第209条（過失傷害罪）**
過失により人を傷害した者は、30万円以下の罰金、または科料に処する。

刑法 **第210条（過失致死罪）**
過失により人を死亡させた者は、50万円以下の罰金に処する。

刑法 **第211条（業務上過失致死傷罪、重過失致死傷罪）**
業務上必要な注意を怠り、よって人を死傷させた者は、5年以下の懲役、もしくは禁錮、または100万円以下の罰金に処する。重大な過失により人を死傷させた者も、同様とする。

民事と刑事の違い②

裁判での証明責任と立証責任

民事裁判では、比較的自由に証拠を提出することができるうえ、証拠以外の弁論・主張などからも心証を取ることができます。一方、刑事裁判は、手続きのすべてにわたって厳格です。自白などの証拠についても大きな制約があります。

この条文

民事訴訟法　第247条（自由心証主義）

裁判所は、判決をするに当たり、口頭弁論の全趣旨および証拠調べの結果をしん酌して、自由な心証により、事実についての主張を真実と認めるべきか否かを判断する。

この条文

刑事訴訟法　第319条（自白法則・補強法則）

第1項　強制、拷問、または脅迫による自白、不当に長く抑留、または拘禁された後の自白その他任意にされたものでない疑のある自白は、これを証拠とすることができない。
第2項　被告人は、公判廷における自白であると否とを問わず、その自白が自己に不利益な唯一の証拠である場合には、有罪とされない。

誰が立証するの？　民事の場合

民事裁判では、第一審では、原告と被告の双方がそれぞれ法律上の要件に関係する事実を主張し、その事実を証拠により証明します。原告の主張が認められれば「原告の請求を認容する」となり、認められないときは「原告の請求を棄却する」となります。

原告の請求の基礎となる請求原因事実の立証責任は、原告にあります。しかし例えば、不法行為による損害賠償請求の訴訟で被告が「正当防衛のために反撃しただけで、不法行為の責任はない」と**弁解（抗弁）するときは、正当防衛を認めるための事実の立証責任は被告にあります。**

証拠についても、刑事裁判より簡易に証拠とすることができます。例えば人の供述内容を書面にした「陳述書」について、ある人が供述し、署名して作成したということが認められれば、裁判所に証拠として提出できます。証拠書類とならなくても、主張を記載した書面による「弁論の全趣旨」から心証を取ることが認められており、そのような積み重ねのうえで、**それぞれの主張・証拠については、どちらがより信用できるかが大きな分かれ目になります。**「証拠の優越」といいます。

誰が立証するの？　刑事の場合

刑事事件では、公訴を提起（訴追）する検察官が証明責任（立証責任）を負います。**被告人は、訴追された事実について、なんらかの反論（例：「人違いだ」「正当防衛だ」など）をして合理的な疑いを提示できればよく、その証明までは必要ありません。**検察官がそれを上回る、合理的な疑いを残さない程度までの高度な証明をする責任があります。「疑わしきは被告人の利益に」「疑わしきは罰せず」という原則があるのです。「無罪推定の原則」ともいいます。

証拠も民事事件より厳格です。

被告人が罪を認めた自白について証拠とするには、近代法では大きな制約があります。拷問などによって得られた虚偽のおそれのある自白や任意性のない自白があってはなりません。また、**自白だけで有罪にはできません。必ず裏付け証拠（補強証拠）が必要です。**

第三者の証言についても厳格です。その人の証言が真実かどうかを確認するための手続き（弾劾）としての証人尋問が必要です。証人尋問を経ることのない単なる供述書は、反対側が証拠とすることに「同意」しなければ証拠になりません。反対尋問ができない証拠を「伝聞証拠」といいます。

民事と刑事の違い③

責任能力の有無

なんらかの法律違反の行為をしたことによる責任を問うには、その人に「非難に値するもの」や原因が存在することが大前提です。これが責任能力です。

この条文☆

刑法　**第39条（心神喪失および心神耗弱）**

第1項　心神喪失者の行為は、罰しない。

第2項　心神耗弱者の行為は、その刑を減軽する。

この条文☆

民法　**第3条の2（意思能力）**

法律行為の当事者が意思表示をしたときに意思能力を有しなかったときは、その法律行為は、無効とする。

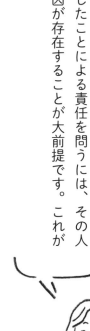

刑法上の責任能力

「責任能力がないから、無罪になる・不起訴になる」というニュースを聞いたことがあると思います。刑罰を科すために必要な責任能力は、２つの面から判断されます。

・その行為が許されない違法なものであると理解・認識できるかどうか（是非善悪を判別する能力）
・それを抑えることができるはずなのに、あえて行ったかどうか（行為を制御する能力）

そもそも責任能力がない心神喪失の場合は、その人に刑罰を科しても感銘力がなく、無意味であるため処罰されません。

「心神喪失」となるケース

同様に、責任能力が低い心神耗弱《こうじゃく》の場合は必ず軽減されます。

よくある例が、妄想のある統合失調症者による犯罪です。「殺人せよ、との神のお告げに従った」などの妄想から犯行に及んだりするようなケースです。非難に値する行為の原因は「病気にある」との思想に基づきます。

精神鑑定の結果を参照して、判断するポイントは、次の3点です。

①「動機」が一般人には理解しがたい不可解なものかどうか
②「犯行手段」が一般人には理解しがたい不可解なものかどうか
③「結果」に対しても一般人では考えられないような態度をとったかどうか

責任能力がなければ不起訴となり、起訴されたとしても無罪の判決が出されます。このような心神喪失者については、検察官の申し立てにより、鑑定のための入院を経て、裁判所の審判により、医療機関への入院措置が取られます。ガイドラインでは、入院期間はおおむね18カ月となっています。

その他の条文

心神喪失等の状態で重大な他害行為を行った者の医療および観察等に関する法律

第33条（検察官による申し立て）

第1項 検察官は、被疑者が対象行為を行ったこと、および心神喪失者、もしくは心神耗弱者であることを認めて公訴を提起しない処分をしたとき、精神障害を改善し、これに伴って同様の行為を行うことなく、社会に復帰することを促進するために地方裁判所に対し、医療を受けさせるために入院をさせる等の決定をすることを申し立てなければならない。

【事例】
認知症の高齢者が犯罪をしてしまった。

重大事件であれば、ほとんどは精神鑑定が行われます。加齢に伴う認知症の進行で判断能力が著しく欠如している場合は、心神喪失であるとして不起訴になることが多いでしょう。たとえ起訴されたとしても無罪です。

判断能力が認められても、万引きなどの重大とはいえない罪の場合は、当初何回かは不起訴（起訴猶予）となるのが通例ですが、次第に罰金、次いで公判請求による懲役刑、それも執行猶予付きから実刑に……と重くなる例もあります。刑務所の入所者の高齢化も進んでいます。

参考 P.57 ↓万引き

【事例】
精神鑑定で「反社会性パーソナリティ障害」とされた。

世を震撼させる凶悪殺傷事件がときおり発生します。犯人は、「人格障害」と鑑定されることも多く、また、社会や人との関わりが少なく孤立している傾向があります。人格障害は、広義の精神障害ですが、原則的に責任能力は認められ、おおむね有罪となります。
しかし、なぜこのような犯行に及ぶのか理解しにくい面もみられ、その特異な性格ゆえ心神耗弱の認定がなされることもあります。心神耗弱の場合は、必ず刑が減軽されますので、死刑にはなりません。

【事例】
アルコール依存症で、泥酔状態で事故を起こしてしまった。

泥酔状態にある人は、認識・判断能力・行為制御能力などが欠けています。だからといって、責任能力がなく無罪……ということにはなりません。自動車で自ら運転して飲食店に入って泥酔状態になり、その後、帰宅しようと運転して事故を起こしたなら、「泥酔するほどに飲酒したうえで運転をしようとした」こと、そのこと自体に刑事責任が認められます。法律用語でいう、「原因において自由な行為」は処罰されます。

民事法上の責任能力

刑事とは違い、責任能力は、民事では意思能力と行為能力に大別されます。

意思能力

行為の意味や内容、その行為をした結果どうなるか、という効果まで理解できる能力です。この能力がないまま契約などを行っても、契約の効力を認められず、無効となります。例えば、認知症が進行した高齢者が知人の言いなりになって売買契約書に署名したような場合です。

無効というのは「法律的に効果がない」ということですので、有効だったものを後で取り消すというものではありません。そのため、取消権のような行使できる期間の制限がありません。

意思能力がない場合というのは、重い認知症以外にも、幼児、泥酔者、重い精神障害などのケースが考えられますが、そのときのその人の心身の状況から個別・具体的に判断されます。

行為能力

行為能力とは、単独で有効に法律行為をすることができることをいいます。逆に、障害・

病気や加齢によって判断能力が不十分であるために、保護する必要がある場合は、「成年後見制度」を利用できます。成年後見には「後見」「保佐」「補助」の3類型があり、それぞれに単独で有効にできる行為やできない行為などが定められています。

参考 P・73 ⬇成年後見制度

債権の管理に

……

時効のリスクと民法改正

消滅時効について民法の改正がありました。改正前の法律と後の法律の2つの法律がありますが、どちらを適用するかは、その債権が令和2年4月1日前に生じたか、以降に生じたかによって違います。すなわち、前と後の法律は両方とも生きていることに注意が必要です。

この条文

令和2年4月1日前に生じた債権の消滅時効

改正前の民法　**第167条**

第1項　債権は、10年間行使しないときは、消滅する。

第2項　債権、または所有権以外の財産権は、20年間行使しないときは、消滅する。

（※その他、債権の内容によって、1年・2年・3年の期間が細かく定められています）

この条文

令和2年4月1日以降に生じた債権の消滅時効（債権等の消滅時効）

改正後の民法　**第166条**

第1項　債権は、次に掲げる場合には、時効によって消滅する。

第1号　債権者が権利を行使することができることを知ったときから5年間行使しないとき。

第2号　権利を行使することができるときから10年間行使しないとき。

第2項　債権、または所有権以外の財産権は、権利を行使することができるときから20年間行使しないときは、時効によって消滅する。

改正前後の主な変更点

重要なポイントについて、順を追って説明しましょう。

時効完成までの期間を一本化

改正前は、民法上の一般的な債権は、権利を行使できるときから10年で時効が完成しました。権利の種類によって、20年、10年、3年、2年、1年とさまざま。商法上の債権は5年でした。

しかし改正後（令和2年4月1日以降に生じた権利）は一般的な債権はすべて、権利を行使することができることを「知ったとき」から5年で時効が完成します。ただし「知ったとき」があまりに遅い場合もあります。また「知ったとき」の時期が明確でなく、その証明が困難なケースもあります。客観的に見て、「権利を行使することができるとき」から10年間行使しないと、時効は完成します。

時効を裁判上主張する「援用」ができる人を明確に規定

「時効の援用」とは、消滅時効期間の経過によって、もう権利はなくなったと裁判で主張することです。

改正前後で大きな違いはありません。時効が完成して支払う義務がなくなっても、それを潔しとしない場合は、「時効になっているが援用せずに払う」とすることができますし、「時効だから払わない」とすることもできます。この2つの選択肢があることは変わっていません。

しかし改正では、援用できる人について明確にしました。「債務者」だけでなく、「保証人、物上保証人、第三取得者その他権利の消滅について正当な利益を有する者」も援用できます。

時効完成を防止する「時効の中断」が「時効の更新」に用語を変更

時効の完成を防ぐには、改正前は、裁判の提起などで「時効の中断」ができました。しかしこの裁判が確定したときから、時効は「新たにその進行を始める」と規定されており、語感が実際と異なっていました。

改正後は「時効の更新」とし、その事由が終了したときは、「新たにその進行を始める」と規定しました。

意味内容は大きくは変わりませんが、用語の変更により明確にしました。

承認の後の期間の起算点を明確に規定

「承認」というのは債務のあることを認めることです。また「支払い」をしてその領収書があれば、承認したということの有力な証拠資料となります。

改正前後で、大きな違いはありません。いずれも承認できる人については、「相手方の権利についての処分につき行為能力の制限を受けていないこと、または権限があることを要しない」として幅広く認めています。これも時効の援用と同じく、時効を完成させない方向、本来の権利の保護の延長線上にあるものといえるでしょう。

承認後、時効が「更新」されますが、その時効の起算点について「権利の承認があったときは、そのときから新たにその進行を始める」と明確に規定しました。

催告は1回限りと明確に規定

「催告」は、裁判によらず内容証明郵便などで「支払ってほしい」と督促することです。一時的に時効の完成を防止する簡便な方法です。催告をすると、とりあえず6カ月間は時効が完成しません。

改正により、再度の催告ができないことを明示しました。6カ月以内に催告以外の裁判提起等の手続きを取らないと時効は完成することになります。

借金を取り立てたいときの注意点

時効は、債権・債務を相続したときに大きな問題になります。

どのような理由で現金が授受されたか

入金・送金した預金通帳、現金を受領したとの領収書、さまざまな現金の授受の証拠とみられる書類があるとき、まず、これはどのような理由で現金の授受がされたかがポイントになります。

現金の貸し借り（金銭消費貸借契約）なのか、贈与なのか、売買・請負などの契約代金としての授受なのか……。本人には貸した金だとの記憶があっても、相手方が忘れていたり、「知らない」「もらったものだ」などの弁解をされたりすることはよくあります。金銭消費貸借契約書、借用書、「○○円お借りしました」などの文言がある文書などの証拠がないと、裁判で訴えても証明がむずかしいでしょう。証人の存在、中立的な第三者で記憶力のよい人に証言をしてもらえれば、まだ認められる可能性があります。

消滅時効が完成しているかどうか

古くても借用書があるときに、消滅時効が完成しているか否かが問題となってきます。「時効の中断＝完成」を猶予させる証拠があるかどうかです。

返済金の領収書、返済金の入金の記載のある預金通帳など、証拠類の存在が重要でしょう。これらは「承認」の効果がありますが、その後の期間の経過も問題となります。

一度裁判で勝訴し、確定した権利についての時効期間は10年となりますが、裁判後、時効は進行していますので、やはり期間の経過が問題です。催告はしていても、6カ月しか効果がありません。

なお、「承認」は支払われた後の領収書などの証拠書類があればよいのですが、債務があることを言葉のうえで承認したとしても、言った言わないの水掛け論になりがちです。証拠としての文書化が望まれます。

注意点

人身事故や事件の損害の賠償請求権について、時効（権利の行使期間）の法改正がありました。

人身事故　生命、または身体を害する事故の場合

時効が完成するタイミングについて、次のような変更がありました。

・改正前……損害および加害者を知ったときから3年
・改正後……損害および加害者を知ったときから5年

これは、被害者を保護する目的によるものです。ただし、事故のときから20年で行使できなくなります。この点は変わっていません。

物損事故　物的損害がある事故の場合

法改正で変わりません。時効が完成するのは知ったときから3年。なお、事故のときから20年で行使できなくなります。

1日も早い回復を

犯罪被害者の権利

一定の重大な刑事事件の法廷では、犯罪被害者やその遺族が、被告人質問や犯罪被害者としての論告・求刑ができます。また、犯罪被害者が犯人に対して、損害賠償請求の民事訴訟を提起しなくても、刑事事件を審理する裁判所に損害賠償命令の申し立てができる場合があります。犯罪被害者の声が刑事司法に反映された画期的な制度です。

この条文

刑事訴訟法　**第292条の2（被害者等の意見陳述）**

第1項　裁判所は、被害者等、または当該被害者の法定代理人から、被害に関する心情その他の被告事件に関する意見の陳述の申し出があるときは、公判期日において、その意見を陳述させるものとする。

被害者や遺族による論告・求刑ができる

犯罪の被害者は、警察や検察庁で事情を聞かれたり、裁判所から証人として呼ばれたりするというだけでなく、殺人など一定の重大な犯罪については、被害者の立場から主体的に、刑事手続きに関与することが認められています。

被害者や遺族は、被告人・弁護人・検察官とは異なった観点からの陳述や質問をし、真実に新たな光を当て、いっそう適正な裁判がなされることが期待されます。

被害者は裁判所に申し出をすれば、公判期日に、被害に関する心情その他の被告事件に関する意見を陳述することもできます。ただし、この意見は犯罪事実の認定のための証拠とはならず、刑の重さ（量刑）に関する証拠としてのみ評価されます。

また被害者は、裁判所が認めるときは、犯罪事実または法律の適用について、意見を陳述することもできます。この意見陳述には、いわゆる求刑を含ませることも可能です。例えば、検察官が論告で懲役8年としたのに対して、懲役12年が相当であると、被害者の意見を述べることもできます。

裁判所に損害賠償を命じてもらう

殺人罪や強制性交等罪など一定の犯罪については、被害者の損害の回復のための制度として、刑事裁判手続き内で損害賠償命令を申し立てることができます。

被害者が民事裁判手続きで犯罪被害の損害賠償請求をするには、主張・立証のために証拠を集めるという作業が必要です。しかしすでに、刑事事件の記録の中には、強制捜査権限を持つ警察官、検察官が作成した目撃者の供述調書や物証など民事裁判に有用な証拠が十二分に含まれています。損害賠償命令は、こうした刑事事件記録中の証拠を活用して、被害者の被害回復に資するための制度です。

もっとも、損害賠償命令に対して、申立人や被告人から異議申し立てがなされた場合には、通常の民事訴訟手続きに移行することになっていますので、損害賠償命令の制度だけで必ず決着するとまではいえません。

他に「刑事和解」と呼ばれる制度もあります。犯罪被害者は、被告人との間に和解ができたときは、その刑事被告事件を審理している裁判所に刑事被告事件の公判調書に和解について記載するよう申し立てることができます（犯罪被害者保護法第19条）。この公判調書の和解の記載は、裁判上の和解と同一の効力があり、それをもとに、被告人に対して強制執行をすることもできます。被告人の方も、このような刑事和解によって、犯罪被害者の被害回復を図ろうとしていることが裁判所に対して明らかになれば、被告人に有利な情状として考慮してもらえる可能性があります。

犯罪被害者等給付金の支給制度

犯罪被害者等給付金制度は、犯罪被害者やその遺族に対して、重傷病給付金、障害給付金、遺族給付金を支給されるものです。ただし、死亡で約3千万円以下、最も重い障害が残った場合でも、約4千万円以下で、通常の保険金のような金額にはなりません。

一般に、支払い能力のない加害者が多いですから、少しでも損害回復や慰謝の措置となればとつくられた制度です。

その他の条文

刑事訴訟法　**第316条の37（被害者論告をするため必要な事項についての被告人質問）**

第1項　裁判所は、被害者参加人やその弁護士の申し出があって、相当と認めるときは、被害者参加人らが意見陳述（※いわゆる被害者論告）をするための被告人質問を許すことができる。

犯罪被害者等の権利利益の保護を図るための刑事手続に付随する措置に関する法律

第23条（損害賠償命令の申し立て）

第1項　次に掲げる罪に係る刑事被告事件の被害者、またはその相続人は、裁判所に対し、その事件が結審する前までに、損害賠償命令の申し立てをすることができる。
第1号　殺人罪、傷害致死罪、傷害罪など、故意の犯罪行為により人を死傷させた罪（未遂罪を含む）。
第2号　強制わいせつ、強制性交等、準強制わいせつ、準強制性交等、監護者わいせつ、監護者性交等、業務上過失致死傷等、逮捕および監禁、略取および誘拐等の罪（未遂罪を含む）および犯罪行為の中にこれらの罪の犯罪行為を含む罪（未遂罪を含む）。

騒音トラブルを例に

不法行為責任と判例の考え方

【事例】

上の階に引越してきた子どもたちの飛び跳ねる音。深夜まで鳴り響く音響機器の音楽。へたな歌声。ドアの開閉などの生活音。連日連夜度を越した騒音にノイローゼ気味に。不眠も続いて、病院通いになってしまいました。この音源の住人に損害賠償を請求することはできるのでしょうか？

【ワンポイント】

社会的に許されないほどひどい（「受忍限度を超える」という）騒音があり、その騒音によって被害が生じ、かつ、それらの証明ができれば、損害賠償請求を行うことができるでしょう。

ご近所トラブルの中で最も多い騒音問題。さまざまなトラブルがあり、殺人事件に至った深刻なものもあります。法的にはどのような請求が可能でしょうか？

まずは相談・交渉

直接に苦情を伝えて聞き入れてもらえれば、それに越したことはありません。しかし、実際にはそれだけでは解決しない場合が多いでしょう。かえって人間関係が悪くなり、以前よりも嫌がらせ的に音が大きくなったり、険悪な感情が増幅していったりすることもあります。

したがって、マンションなどの共同住宅であれば管理会社や管理組合、貸室であれば大家など中立的な第三者を通して、騒音を出している住人に改善を促すのが穏当でしょう。

警察に相談するのであれば、地域の安全を担当する防犯課などの「警察相談専用電話#9110」が、刑事事件性のない近隣トラブルの相談を受け付けています。相談員が対応方法についてアドバイスしてくれるだけではなく、悪質な近隣トラブルの場合には、警察から騒音を出している隣人に指導や警告を行ってくれることもあります。

理解を求めるには

どの程度の騒音か、録音などをして聞いてもらうことが理解を得る手段となるでしょう。市区町村の役所には、公害課、苦情相談窓口などがあり、そこで騒音測定器を貸し出していることがあります。それで測定してみるのも一つの方法です。その結果、地域の騒音基準の条例を参考にし、その音量が条例の基準を超過していれば、より説得力が増すでしょう。特に、裁判にするとなると科学的な証拠は重要です。

損害賠償請求が認められるには？

騒音によって、眠れないなどの精神的苦痛が大きく、健康被害が生じて治療を必要としたり、引越しを余儀なくされたりした場合に、治療費、引越し費用などの損害賠償、さらには慰謝料などの請求をすることが考えられます。

法的手段に訴える場合には、その騒音によって被害が生じていることとそれを証明する証拠が必要です。健康被害の症状（うつ状態、心因反応など）については、確定診断と、騒音との因果関係を証明できるかがポイントとなります。また、騒音の大きさについて、科学的根拠による機器を使用した証拠を準備することも必要です。これには専門家の力を借りることも一つの手段でしょう。

その騒音は、受忍限度を超える程度か？

違法な程度にひどい騒音かどうかについては、**社会生活を送るうえで我慢すべきと認められる限度を超えるものであること、つまり「受忍限度を超える」ものであること**という判例の考え方があります。騒音の感じ方は人それぞれであり、生活騒音についてはお互いさまのところがあります。

裁判では、「騒音そのものの音量および性質」と「騒音の発生者が被害防止や軽減のために行った措置」などを総合的に考慮して判断されます。

騒音レベルが大きくても、その音の発生源となっている行為が日常生活を送るうえでやむを得ないものだったり、上の階の住人が被害を最小限にすべく防音措置を講じているような場合には、受忍限度の範囲内と判断されやすくなります。

反対に、下の階の住人に対して不誠実な対応をしていたり、上の騒音主が故意に嫌がらせ的に騒音を発生させたりしているような場合には、受忍限度を超えるものと判断されることになるでしょう。

子どもが走り回る騒音が問題になった裁判では、子どもが走り回っているのは日中だけであり、騒音もそれほど異常とはいえないとして損害賠償請求を認めなかった裁判もあれば、相手方の不誠実な態度を考慮して受忍限度を超えていると判断した裁判もあります。

これらの騒音裁判で認められる損害賠償額は、平穏で快適な日常生活を尊重する時代の流れもあり、少しずつ高くなっています。単なる精神的苦痛ではなく、それが高じて病院による治療が必要なレベルになれば、慰謝料額も少し上乗せされるでしょう。

その他の条文

民法　第709条（不法行為による損害賠償）

故意、または過失によって他人の権利、または法律上保護される利益を侵害した者は、これによって生じた損害を賠償する責任を負う。

民法　第710条（財産以外の損害の賠償）〈抜粋〉

前条の規定により損害賠償の責任を負う者は、財産以外の損害に対しても、その賠償をしなければならない。

第2章

認知症トラブルのあれこれ

加害者にも被害者にもなる

認知症ならではの原因・特徴

認知症になると、さまざまなトラブルが起きます。被害者にも加害者にもなります。悲劇が起きないようまずは実情を知っておきましょう。

加害者になる認知症ならではの原因

自動車に硬貨などで傷をつけた事件（器物損壊罪）、深夜高速バス車内で就寝中の女性乗客のスカートをめくりあげて下着を盗み見た痴漢事件（強制わいせつ罪、条例違反など）、コンビニエンスストアでの食品万引き事件（窃盗罪）、繰り返す無銭飲食（詐欺罪）……。高齢者に多い事件の例です。

中には重大な結果につながってしまうものも少なくありません。冬になると多発する、たばこや火の始末が悪くて付近のものに延焼させる失火事件などは、本人や近隣住民の生命を奪う結果となることもよくあります。

これらの原因は、判断力が低下しているために、本能的に目の前のものに魅力を感じて、行動を抑制できないためとみられています。また、幼児的な快楽（面白さ）を求めるケースもあります。

失火・自動車事故などは過失によるものが多く、例えば、注意力が散漫になっていることや、体力全般の衰えから必要な手順を踏めない、などによるうっかり事故が多いとみられます。

被害を招きやすくする認知症の症状

次のような認知症症状が犯罪被害を助長します。

引きこもり状態

オレオレ詐欺の被害者の7～8割は高齢者です。認知症の初期症状の「引きこもり状態」にある寂しい高齢者に「自称息子」などが助けを求めてくると、頼りにされていることを意気に感じて、多額の金銭を騙し取られてしまいます。

取り繕い反応

認知症の特徴である誘導にのりやすい「取り繕い反応」。わかったふりをしてしまうので、巧妙に言いくるめられて理解できないまま、言われるがままに老後の資金を根こそぎ奪われてしまうこともあります。

記憶障害

物忘れ・記憶障害があると、犯人はそこを上手について騙します。警察で被害の事情聴取をしようとしても、正確な話が聞けない、現金などを渡した相手の姿も忘れて特定できない、などの理由から犯人の検挙がむずかしくなります。また、その人の情報を犯罪集団に知られて、詐欺の被害にも次々とあいやすくなります。

被害妄想

「高齢者施設での現金窃盗事件発生！」という事態がよくあります。被害申告があると、警察が急行しますが、果たしてそれは事件なのか被害妄想なのか、警察が悩むところです。実際には被害妄想か、現金のしまい場所を忘れているかのケースが多いといわれています。しかし、それをよいことに高齢者宅を訪問する親戚や知人が、手にしたばかりの年金を盗んでいくこともありますので、気は抜けません。

監督者の責任

家族の責任はどこまで？

誰もが認知症になる可能性があります。判断力が落ちると、予想もしない事故・事件を引き起こすことがあります。本人は、刑事・民事ともに責任を負わないという場合、果たして、本人を見守っている家族にはその責任が及ぶのでしょうか？

この条文

民法　第713条（責任能力を欠く者の責任）

精神上の障害により自己の行為の責任を弁識する能力を欠く状態にある間に他人に損害を加えた者は、その賠償の責任を負わない。ただし、故意、または過失によって一時的にその状態を招いたときは、この限りでない。

刑事法上の責任能力

刑事責任については、加害者本人の判断能力が欠如してしまっていると判明した場合は、「心神喪失」として不起訴となるか、起訴されても無罪となります。欠如はしていなくとも、その能力が著しく低下している場合は起訴猶予、嫌疑不十分などを理由として不起訴となることが多いでしょう。

なお、**犯罪は個人の責任ですので、家族が犯行を助けるなどの共犯者でない限り、家族は刑事責任を問われません。**

民事法の不法行為における責任能力

重い認知症などの「精神上の障害により自己の行為の責任を弁識する能力を欠く状態」であれば、損害賠償責任は負わないとされています。

その代わりに「法定の監督義務者」「事実上監督していた人」が被害者への損害賠償責任を負う場合があります。

未成年者なら親権者、被成年後見人なら成年後見人です。後見人がいない場合でも家族などが監督義務者となることがありますが、ケースバイケースです。

次の項から、実際の例を見ていきましょう。

認知症高齢者によるトラブル①

万引き

平成20年から平成29年までの万引きによる検挙人員のうち、65歳以上の高齢者の占める割合は年々高くなっています。平成29年には約2万7千人に上り、全体の約4割を高齢者が占めています（法務省「平成30年版 犯罪白書」）。

この条文

刑法 第235条（窃盗罪）

他人の財物を盗んだ者は、窃盗の罪とし、10年以下の懲役、または50万円以下の罰金に処する。

万引きは、法律上「窃盗罪」ですが、被害品が返還され、被害金額が少額なら微罪であるとして、不起訴になる場合が多いです。しかし繰り返していると罰金、次いで懲役刑求刑など、次第に重い刑罰が科されていきます。常習的に繰り返すと、「常習累犯窃盗罪」として、「窃盗罪」よりも重い刑罰が科されます。

高齢者の万引きには、共通する特徴があります。

・再犯率が高い
・犯行が行われる場所はいつも行っているスーパーやコンビニなどが多い
・万引きした商品は食料品や酒類で自己で消費するものが多い
・金額が比較的少額である
・「捕まっても代金を払えば許してもらえる」と犯罪に対する認識が甘い
・計画性がなく衝動的に敢行する
・手口が簡単で、幼稚といえる

なぜ、万引きしてしまうのか?

高齢期になって万引きをする要因として、次の3点が挙げられます。

経済的要因

65歳以上の高齢万引き犯の約8割が無職です。万引きの理由として「お金を支払いたくない」「生活困窮」が、それぞれ回答の約3割を占めています(万引きに関する有識者研究会

『高齢者による万引きに関する報告書　―高齢者の万引きの実態と要因を探る―』平成29年3月）。一方、高齢万引き犯のうち生活保護受給者は2割程度であり、動機として言っている「生活困窮」状態にある者は、実態としては少ないと推察されます。本人が主観的に「自らの生活が苦しい」「他者と比べて生活レベルが低い」と感じていると考えてよいでしょう。

身体的要因

高齢万引き犯は、同年代と比べ、体力の衰えを実感している割合や認知機能の低下が疑われる割合が多いようです。犯罪を抑制する能力が衰え、「目の前の食べ物が欲しい」というごくごく生物的な本能を抑えきれずに犯行に走ってしまうのです。

周囲との関係性

65歳以上の高齢万引き犯のうち、「一人暮らし」は56・4％、交友関係が「ない」が46・5％となっています（同前）。社会との関わりの欠如が孤独や不満、ストレス等につながり、それらを晴らすために問題行動へと発展しているようです。

【事例】

高齢の配偶者・同居人が万引きで捕まった。

万引きした人が認知症で責任を問えない場合に、家族等が保督責任（被害弁償）を負うかどうかを考えてみましょう。

最高裁判例を参照すると、**監督するうえでの落ち度（過失）があったか、監督が可能・容易であったかどうかがポイントです。**

今まで万引きをしたことがない人の場合、「まさか、万引きをするなんて予想もしていなかった」、すなわち「予見可能性がない」ということで、保督義務者としての責任（被害弁償）を負わない……ということはあり得ます。

しかし一般的には、認知症が進行すると、外出した際にはなんらかのトラブルを引き起こすかもしれない、と認識しておくことが前提となるでしょう。その場合は、かなり広い監督義務が発生するといえます。

もっとも、法的責任となるかどうかはともかくとして、まずは本人の資産から、あるいは家族が代わって弁償することは、社会的・道義的に当然と考えられます。

特に、刑事事件となって警察に呼び出されたら、被害弁償したうえで、家族は今後の監督を誓うとの誓約書を提出して、できれば不起訴など穏便な処分となるように対応する必要があるでしょう。

認知症高齢者によるトラブル②

線路への侵入による事故

【事例】

認知症の高齢者（91歳男性・要介護4）が徘徊中、駅のホームから無施錠のフェンスを乗り越えて線路に侵入し、走行中の電車と衝突して死亡。これにより、鉄道会社には運行上の大きな損害が生じました。高齢者の自宅には高齢の妻（85歳、要介護1）がいましたが、夫が外出したことに気付きませんでした。その長男は遠距離地で生活しており、20年来同居していません。

これは実際にあった事例ですが、これまでの説明のとおり、認知症の人は民事責任を負いません。では、その家族は責任を負うことになるのでしょうか？

民事責任を検討するうえでのポイント

損害となるのは？

遅延になると、列車の再手配や連絡通信などの費用が生じます。一方、乗客への遅延による損害賠償責任については、乗客と鉄道会社との間の旅客運送契約により、損害賠償責任は負いません。

しかし、不幸にも人身事故に発展してしまった場合には、車両や敷地内の修復・清掃費用、その他の手続き費用を負うことになります。

過失相殺は？

鉄道会社の安全設備に落ち度・過失があれば、「過失相殺」が認められます。

冒頭の事例ではフェンス扉の施錠が十分にされておらず、損害の公平な分担を図るためとして1、2審では5割の過失相殺が認められました。

家族の責任は？

1、2審ともに、法定監督義務者であるとして妻・子どもに損害賠償請求を認めました。しかし平成28年3月1日、最高裁判所は《妻と子は「法定の監督義務者」や「監督義務者に準じる立場（事実上の監督者）」ではなく、責任は負わない》として、棄却しました。《責任を負う「法定の監督義務者」等とは、「家族である」ことで決まるのではなく、監督することが可能であり、かつ容易にできたかどうか》を、総合的に考慮して判断したのです。

一般的な判断要素は次のとおりです。冒頭の事例に当てはめてみましょう。

①その人自身の生活状況や心身の健康状態→重度の認知症で要介護4。判断能力が低下しており、日常生活においても支障が生じていた

②責任能力を欠く本人との関わり（親族関係・同居または日常的な接触・財産管理への関与の有無など）→要介護1状態である85歳の妻が同居しているが、妻自身の自立がやや困難。遠隔地に住む子はときどき訪問しているが日常的な接触はなく、関与はほとんどなし

③責任能力を欠く本人の心身の健康状態や問題行動の有無・内容→ときどき不意に外出するため、外出を知らせるブザーを設置するなどしており、以前から問題行動があった

④保護や介護の実態→日常的に接する妻も、対応がおぼつかなかった。子は、ときどきの訪問程度である

このケースでは、鉄道会社は、この事故の損害に耐えうる資産等がある一方、妻らの支払い能力・経済状況なども総合的に考慮されました。

しかし、被害者側の一家が大黒柱を失うなど、大きな被害があるときに、誰も責任を負わず、被害者は泣き寝入り……というのは極めて理不尽です。

今後、このような事件・事故が増加するのであれば、加害者になったときに備えた損害賠償の対応のための「認知症・損害賠償責任保険」が考えられます。いくつかの自治体で動きはじめており、これからの課題といえるでしょう。

その他の条文

民法　第714条（責任無能力者の監督義務者等の責任）

第1項　前2条の規定により責任無能力者がその責任を負わない場合において、その責任無能力者を監督する法定の義務を負う者は、その責任無能力者が第三者に加えた損害を賠償する責任を負う。ただし、監督義務者がその義務を怠らなかったとき、またはその義務を怠らなくても損害が生ずべきであったときは、この限りでない。

認知症高齢者によるトラブル③

交通事故を起こしてしまった

【事例】

高齢者による自動車事故が増加しています。本人はまだまだ大丈夫だと思っていても、家族は心配です。もし、事故を起こしてしまったら、本人だけでなく家族も責任を負うのでしょうか？

【ワンポイント】

加齢により運転への適性が低下しているとしても、少なくとも自ら運転しているという事実から、ある程度の判断能力がある（責任無能力ではない）と判断され、自分の行為の責任は自分で負うことになります。

高齢者は交通事故の被害者だけではなく加害者にもなり得ます。赤信号の見落とし、アクセルとブレーキの踏み間違い、間違いと感じてあわててしまい、かえって急加速した結果、大事故の発生……。このような現状を受け、道路交通法の改正が進んでいます。

70歳以上の高齢者は、運転免許証の更新時に高齢者講習を受けることが義務化されました。75歳以上は、認知機能検査を受けたうえで、その結果に応じた内容の講習を受けることも義務化されました。

さらに、**一定の違反歴がある75歳以上には、実車試験も義務付けられます**（令和4年度～予定）。不合格なら免許は更新されません。再受験は可能ですが、合格は厳しくなるでしょう。

刑事責任はどうなる？

自動車事故によって他人にけがをさせた場合は、「過失運転致死傷罪」に当たります。**普段運転している以上、責任能力はあると判断されます。**しかし、判断能力やとっさに対応する行動能力が落ちており、事故の危険性が増していることは事実です。

なお、事故を起こして気が動転するなどしたために、被害者の救護や警察への通報を怠り、その場から逃げるケースもあります。しかしこれは、「ひき逃げ」の重罪で、逮捕される可能性があります。防犯カメラや車の塗料破片などの捜査によって、検挙率は極めて高く、逃げおおせることはできません。

民事責任はどうなる？

治療費・慰謝料以外に、休業損害、後遺障害がある場合の労働能力喪失割合に応じた逸失利益、死亡の場合の葬儀費用、物的損害の修理費など……交通事故は、さまざまな被害が発生します。運転している以上、民事上も責任能力はあるとされるでしょう。

人身事故の場合、自賠責保険から損害賠償の一部が補償され、その限度額を超える損害が任意保険によって補償されます。これらの保険に入っていないと加害者が自己資金から賠償金を支払わなければなりません。高額になりますから、損害保険の更新手続きを怠らないようにしましょう。刑事裁判では、示談（和解）のために保険金以外に自己負担金を上乗せして支払うケースもあります。

万一支払えない場合には自己破産という手段がありますが、悪質な事故の場合、破産は認められても債務の免責は認められないことがあります。

過失相殺

被害者が赤信号で道路を横断したり、急に物陰から道路に飛び出したり、夜間に道路の真ん中を徘徊していたなどの場合には、被害者にも一定の落ち度があるとみなされ、過失相殺されることがあります。損害の一部を被害者が負担することになり、加害者の支払う賠償金が減ります。

一方、被害者が高齢者である場合、「高齢者の動きには注意すべきであるのに怠った」として、加害者側の落ち度が加算されるケースが多くあります。

家族の責任は問われるのか?

通常、車の運転が一定程度できるということは、責任能力が欠如しているわけではないので、その点で家族には監督義務はなく、その責任は、問われません。

しかし、**認知症が進行していて普段から危険を感じるほどであれば、ケースによっては、監督義務が発生します。**例えば、普段の行動もおぼつかないのに、勝手に自動車の鍵を持ち出して車に乗り込み、いきなり急発進して事故を起こしたなどの場合は、本人に責任能力が認められず、監督義務者がその監督義務を怠ったとして本人に代わって責任を問われることは十分にあり得ます。

その他の条文

自動車の運転により人を死傷させる行為等の処罰に関する法律

第5条（過失運転致死傷罪）

自動車の運転上必要な注意を怠り、よって人を死亡させたり傷害を負わせたりした者は、7年以下の懲役、もしくは禁錮、または100万円以下の罰金に処する。ただし、その傷害が軽いときは、情状により、その刑を免除することができる。

道路交通法　第117条（ひき逃げ）

第1項　車両等（軽車両を除く）の運転者が、当該車両等の交通による人の死傷があった場合において、第72条（交通事故の場合の措置）第1項前段の規定に違反したときは、5年以下の懲役、または50万円以下の罰金に処する。

第2項　前項の場合において、同項の人の死傷が当該運転者の運転に起因するものであるときは、10年以下の懲役、または100万円以下の罰金に処する。

悪質なクレーム

カスタマーハラスメント

【事例】

「店員の応対が悪い」「買った品物にきずがついていた」など、消費者としてはクレームを言いたいことが、ときには起こります。それが度を越しているのが、消費者である顧客（カスタマー）による店の従業員への嫌がらせ（ハラスメント）です。

悪質なクレームである「カスタマーハラスメント（カスハラ）」とは一般的には、理不尽な要求をし、多くの人がいる中で罵倒したりするなど、顧客による迷惑行為全般を指すものとされています。「カスハラ」は、消費者としての権利の行使であっても、その濫用に当たります。

「カスハラ」行為は不法行為であり、さまざまな犯罪に該当するおそれもあります。
多数の人の前等での公然の暴言は社会的評価を損なうような具体的な事実を挙げたときは「名誉毀損罪」。挙げていないときは「侮辱罪」。また、「クビにしてやる」「店にいられなくしてやる」など威嚇的な言葉であれば「脅迫罪」。土下座させたり、多数の人の前で大声で謝罪させたりすれば「強要罪」。不当な金額の詫び料を要求すれば「恐喝罪（要求だけなら未遂罪）」。しつこく、長期間・長時間にわたってクレームを言い、その間の業務に支障を生じさせるようなことがあれば、「威力業務妨害罪」が成立する可能性があります。

顧客と販売者の法的関係

基本的には物品やサービスの買い主である客と提供者である売り主との売買・サービス提供契約です。物品にきずなどの問題があったり、満足できるようなサービスをしなかったりした結果、損害が生じれば、売り主側には「債務不履行」であるとして損害賠償責任が発生します。ケースによっては、きずのない代わりの物を渡す責任、やり直しをする責任などが生じるでしょう。客は相当な手段によって、損害賠償・代替品・やり直しなどを求めることができます。

しかし、社会的に相当な方法を超えたやり方で請求することは許されません。逆にそのような請求、理不尽な内容・手段はカスタマーハラスメントとなり、客側が刑事・民事責任を問われることになりかねません。

法律上は正当な権利であっても、その目的ややり方次第で犯罪になったり、不法行為になったりもするのです。

いったん紛糾したら、その場での収束はなかなかむずかしいとみられます。時・場所を改め、家族などを交えての話し合いが必要となるでしょう。

信頼できる人に
判断を任せる

成年後見制度

高齢者や障害のある人を守るための「成年後見制度」。認知症などで判断力が衰えると、騙されたり、不要な契約を結んだりするおそれがあり、いざ高齢者施設に入るときに必要な手続きができなくなるおそれもあります。そのために、財産関係について本人に代わって管理や処分をする代理人が後見人です。家族が選ばれることもありますが、専門家が選任されることもあります。

この条文

民法　第7条（成年後見開始の審判）

精神上の障害により事理を弁識する能力を欠く常況にある者については、家庭裁判所は、本人、配偶者、四親等内の親族等の請求により、後見開始の審判をすることができる。

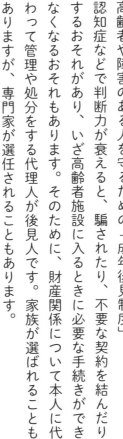

精神上の障害により判断能力が不十分な成人（本人）を保護するために、「後見」という制度があります。

後見は、後見人を家庭裁判所が選ぶか、本人が決めておくかによって「法定後見」と「任意後見」に分かれています。最も利用されているのは、「法定後見」です。「成年後見」というときには、これを指す場合が大多数でしょう。

また、判断能力の程度によって「後見」「保佐」「補助」の3類型が定められています。

法定後見

裁判所が本人を援助してくれる人を決め、その人が本人のために活動するという制度です。法律上の代理人です。

任意後見

本人の判断能力が十分なうちに、将来に備えてあらかじめ自分の後見人になる人を決めて、公正証書によって「任意後見契約」を結びます。

そして、実際に判断能力が低下してきた段階で、家庭裁判所に後見監督人を選んでもらい、その監督の下で任意後見人が本人を援助し、法律上の代理をしていくことになります。

成年後見を申し立てるには

住民票上の住所地を管轄する家庭裁判所に申し立てをします。事前に家事相談窓口で相談しておきましょう。無料です。診断書を含めた必要書類が全部揃っており、特に問題もなければ、申し立てから審判までの期間は1～2カ月程度です。

申し立て時にかかる費用、後見人への報酬の目安

申し立て時に、裁判所に納める印紙や切手など数千円が必要です。医師による精神鑑定が必要な場合は、鑑定費用が10万円前後かかるでしょう。後見人の報酬額は、家庭裁判所が個別に決定します。社会福祉士、司法書士、弁護士、税理士などの専門家が後見人である場合には、本人の財産の金額に応じて月額2～6万円が目安です。

親族が後見人である場合もこれに準じますが、本来本人を扶養する義務のある親族の場合はそれより低額になるでしょうし、無報酬のときもあります。

後見人に選ばれる人とは？

本人の親族が選ばれる場合もあれば、専門家が選ばれる場合もあります。申し立ての際

に後見人候補者を指名することもできますが、必ずしも家庭裁判所がその人を選ぶとは限りません。

次のような場合には、親族を後見人候補者にして申し立てをしても、別の専門家が選ばれることもあります。

・本人の身上保護や財産管理について、親族間に意見の対立や葛藤がある
・本人の財産が高額かつ多岐にわたるものであり、専門家による管理がふさわしい
・遺産分割協議をしなければならないなど親族と本人との間に利益相反関係がある
・親族である後見人候補者が生活に困っており、本人の財産を当てにしている

成年後見人の事務の内容

財産関係が主になります。

まず、財産目録や年間収支予定表を作り、収支を記録して家庭裁判所に報告します。必要なら、財産を売って処分するなど、本人の代理人として法的な行為をします。

身上保護については、医療・介護サービスの利用契約や病院・施設への入院入所契約を本人の代理人としてすることがあります。しかしあくまでも法律・財産関係の代理であり、身の回りの世話や介護関係は事務の内容には入りません。

本人の判断能力が回復しない限り、亡くなるまで続きます。途中でやめることはできません。申し立てをするかどうかは慎重に考える必要がありますが、「高齢者施設に入所したい」「資産を売却して現金を用意したい」などの契約をするうえで、必要に迫られる場合もあります。今後を見据えて期を逸しないことも重要です。

後見に該当するほど判断能力が低くない場合につく「保佐」・「補助」

「成年後見制度」は、本人の判断能力の程度に応じて、「後見」「保佐」「補助」という3類型が定められています。いずれの類型に該当するかは、主治医の医学的な判断を参考に、最終的に家庭裁判所が決定します。

この3つの違いを比較してみましょう。

- 後見……重い認知症などで、判断能力はまず認められないケース。日常生活の買い物以外のすべての行為を成年後見人が代行する。日常生活の買い物以外の契約に、取消権がある
- 保佐……判断能力にやや欠ける程度。同意権・取消権がある。一部の行為については、保佐人に代理権の付与も可能

・補助……判断能力にやや心配な部分ある程度。限定的な同意権・取消権がある。一部の行為については、補助人に代理権の付与も可能

いずれも、家庭裁判所の審判において、判断能力に関する医師の意見を参考に決定されます。「代理権」や「同意権」などの内容についても決定されます。

なお、「代理権」「代表権」とは、家の売買契約や預貯金の解約など財産に関わる重要な行為を本人に代わって行う権限です。「同意権」とは、家の売買契約や預貯金の解約など財産に関わる重要な法律行為を本人が行う際は、代理人の同意を必要とする権限です。「取消権」とは、本人が代理人の同意を得ずに行った契約や取引などを、後で取り消す権限です。

共通することは、すべてに取消権が認められていること、取引の相手方に催告権（契約を取り消すかどうかを催促して確認すること）が認められていること、行為能力に制限があるのに「ない」と嘘をついて取引したときは、その取引を取り消せないことです。

成年後見制度は本人の保護のための制度です。今後、高齢化の進展に伴い、活用が拡がることを期待しましょう。

成年後見制度
のリスク

財産の使い込み

「後見人が財産を使い込んで横領してしまった」というニュース報道がときどきあります。成年後見人をつけることによって、逆にトラブルや不都合になることはあるでしょうか？

この条文

刑法　第253条（業務上横領罪）

業務上自己の占有する他人の物を横領した者は、10年以下の懲役に処する。

そもそも後見人をつける必要のないケースも多い

身近な親族に支えてもらうことによって、財産管理や身上保護に事実上支障が出ていなければ、わざわざ成年後見制度を利用する必要はないかもしれません。

また、銀行の口座名義人本人が認知症になり、預金の払い戻しを受けようとする場合、銀行は、本人の意思確認が原則であるとしつつも、それができない場合には、①家族関係が確認できる戸籍抄本、②使途として、施設や医療機関等の請求書などを提出すれば、本人に代わって家族が払い戻しを受けることができます。事前にどんな書類が必要かを銀行に問い合わせておきましょう。十分な現金・預金があるときは、成年後見人の必要性は低いでしょう。

業務上横領防止の「後見制度支援信託」

後見人が本人の財産を使い込むのは、「成年後見人」という役職を利用した横領行為です。「業務上横領罪」に当たります。

このような被害の防止のために、多額の資産があるなら「後見制度支援信託」を利用しましょう。被後見人の財産のうち日常生活に必要な分だけを後見人が管理し、残りの財産については信託銀行等に預ける制度です。信託銀行に預けたお金の払い戻し、契約の解除には裁判所が発行した指示書が必要となるため、後見人が勝手に財産を使い込むといった心配はなくなります。また預けたお金は元本保証されているので、元本割れの心配もありません。

その他のトラブルや不都合

後見人が付くことで本人や親族にとって不便が生じる面もあります。例えば、本人なら当然に手にしていたであろう贅沢品を買いにくくなりますし、親族にお金や物を贈ることにも限度が生じます。特に、投資をして財産を運用する、相続税対策のために資産の組み換え（不動産の売買等）をするなどは、法定後見人にはまずできません。

後見人は常に、「その必要があるか」「浪費ではないか」という観点から家庭裁判所にチェックされることになるからです。

ところで、本人の資産を増大させるために、親族に対する訴訟を積極的に仕掛ける専門家の後見人もごくごく稀ではありますがいます。

例えば、本人の身上保護をしてくれている同居の親族に対して、それまで当事者双方とも問題視してこなかったような貸金、立替金等の金銭請求をしたり、ひどいものでは賃料請求や建物明け渡しを求めたりするケースも散見されました。後見人は、経済合理性のみならず、本人と周囲との人間関係に無用な摩擦を生じるようなことは避けるべきでしょう。

任意後見契約の活用と後見人候補者の指名

親族と後見人が二人三脚で後見開始後の本人の生活を支えていくためには、本人や親族が信頼できる人を確保することが望まれます。そしてその人との間に任意後見契約を結んでおき、後見人候補者とは本人が自分らしい老後を送れるようにいろいろと話し合って契約内容を決めておきましょう。

第3章

資産を守るために

消費者を守る
法律基本の「き」

契約の取り消しと無効

高齢者をターゲットとする悪徳商法は、悪質・巧妙化の一途で深刻な状況です。近年、消費者契約法、特定商取引法など、消費者の利益を守る法律の改正が相次いでいます。賢い消費者を目指しましょう。

この条文

消費者契約法　第1条（目的）

この法律は、消費者と事業者との間の情報の質と量、交渉力の格差を考え、事業者の一定の行為により消費者が誤認し、または困惑した場合等について契約の申し込み・承諾を取り消すことができるようにし、また、事業者の損害賠償責任を免除する契約条項その他の消費者の利益を不当に害することとなる契約条項の全部、または一部を無効とする……ことにより、消費者の利益の擁護を図り、もって国民生活の安定向上と国民経済の健全な発展に寄与することを目的とする。

契約自由の原則の例外

民法では、行政法や刑法などの公法と違い、契約を結ぶに当たっては、その内容を当事者が自由に決めることとされています（契約自由の原則）。当事者同士の自治に任せる考え方です（自由主義の哲学）。

しかしながら、そうすると不都合な場面が往々にして生じます。

事業者である売り主と消費者である買い主との間には、情報の質・量や交渉力などに格段の差があります。**自由に任せると、弱者である消費者は事業者から与えられた情報だけで判断しなければなりません。すると、弱みをつかれるなどして、不利益な契約を結んでしまうことになりかねません。**

そこで消費者の利益を守るために、さまざまな法的手段が与えられています。法改正も相次ぎ、その手段は強化されています。

不当な契約を取り消したいとき

代金を支払ってしまったけれど、後から後悔することもあるでしょう。もしその理由が、業者の悪質で不当な手口によるものであれば取り消せます。

例えば、次のような場合です。

- 重要事実について、事実と違うことを言われて誤解した場合（不実告知）
- 「将来、絶対に値段が上がるので今買うとお得」と断定的に言われて、それを信じ込んだ場合（断定的判断の提供）
- 押し売りに来られ、帰ってくれないので根負けして購入した場合（押し売りの不退去）
- ある場所に誘い込まれ、従業員に取り囲まれてしかたなく購入した場合（監禁状態）
- 「これを持っていないと不幸になる」などと、不安を煽られて購入した場合（霊感商法）
- 恋愛感情から購入させられた場合（デート商法）

特に、**加齢等によって判断力の著しい低下がある場合に不安を煽られてした契約は取り消すことができるという規定があります。**

新手の悪徳商法が出るたびに、いたちごっこではありますが、改正がなされています。

参考　P.89→認知症の人による大量購入

取り消したい場合は期限がある

契約を取り消したい場合は、不当であることに気付き、そのまま受け入れるか（追認）、または、取り消すかについて判断できるようになったときから1年間が限度です。気付くのが遅く、契約を結んだときから5年経過すると、この手段では取り消せません。別の手段を検討しましょう。

【事例】
DVDレンタル料金は、1日300円。ところが、6カ月間入院していて返却をし忘れていたら、なんと5万4千円の請求書が届きました。確かに計算上はそうなりますが、1枚5千円のDVDなのにひどいのでは？

消費者の利益を一方的に害する条項は「無効」

1日300円の使用料の契約条項は、それだけでは一見、違法性はありません。しかしそのまま長期間にわたって適用すると、商品の価値をはるかに超える高額の使用料になってしまい不当です。

これは消費者側の利益を一方的に害してしまうということで、「この契約条項を無効とする」という極めて強力な法的手段があります。さまざまな場面で応用がきく、消費者にとっては力強い武器ともいえます。

さらに、無効の場合には、契約がなかったことになるので、期限の制限はありません。

その他の条文

消費者契約法　第10条（消費者の利益を一方的に害する条項の無効）

消費者の不作為をもって当該消費者が新たな消費者契約の申し込み、またはその承諾の意思表示をしたものとみなす条項その他の法令中の公の秩序に関しない規定の適用による場合に比して消費者の権利を制限し、または消費者の義務を加重する消費者契約の条項であって、民法第1条第2項に規定する基本原則に反して消費者の利益を一方的に害するものは、無効とする。

言われるままに買ってしまう

認知症の人による大量購入

【事例】

高齢で一人暮らしをしている母のいる実家に帰ったら、健康器具やスポーツ用品、健康食品が山積みになっていました。高齢者向けの健康本も。「これを使わないと認知症になる」などと言われて怖くなり、定期的に購入していると言います。

【ワンポイント】

資金に余裕のある高齢者は悪質商法のターゲットにされています。これまでも法律によるいくつかの防御策がありましたが、特に判断力が低下した高齢者のために万能の取消権が定められました。

加齢やうつ病、認知症など、心身の故障によって判断力が低下してくると、悪質な事業者に付け込まれる可能性は高くなります。**平成30年の消費者契約法改正では、加齢等による判断力の低下を不当に利用して締結された消費者契約についての取消権の規定が設けられました。**

取消権が発生する要件は、次のとおりです。

- 消費者が、加齢または心身の故障により判断力が著しく低下していること
- それによって消費者が、生計・健康等に関し、現在の生活維持に過大な不安を抱いていること
- 事業者が勧誘行為の際、以上の事項を知っていたこと
- 事業者が不安を煽り、勧誘している消費者契約を締結しなければ、現在の生活の維持が困難になる旨を伝えたこと

「判断力が著しく低下していること」という要件については、必ずしも重度ということではなく、軽度認知障害の場合も含まれる可能性があります。個別の具体的な事情から判断されます。

「消費者が抱く現在の生活維持への過大な不安についての事業者の認識」と「生活維持が困難になる旨の告知」の要件については、事業者が具体的にどのような文言で勧誘したの

か、消費者はどのような話をしたのかなどの、具体的な言動で判断されます。

契約した消費者の記憶が頼りなくはっきりしない場合

もし同席者がいれば、その人から事情を確認することになります。

同席者がいない場合は、**消費者から契約締結交渉について何か聞かされていないか、聞かされた場合は、どのような内容であったか、できるだけ詳細に事情を聞きましょう。**聞き出した内容を基に、消費者相談窓口に行きましょう。同じ業者に対して多くの被害届が出されており、役所で手口を把握していることがあります。それらを総合して記憶をたどることができれば証明もしやすくなります。あきらめずにぜひ相談してください。

【事例】
85歳の父が投資用のタワーマンションを買っていましたが、大丈夫でしょうか。

以前からタワーマンションなどの購入を検討していたかが重要です。

情報を集めており、価格や場所の価値などの知識があるのであれば、それなりの判断力があったとみられます。しかし、これまで購入しようという態度がまったくなかったのに、ある日突然購入契約をした、というときは疑ってみましょう。

次のポイントは、不合理な高値であるかどうかです。

「周辺のマンション価格と比較してどう見ても高値である」「今の手持ち資金を使い切るほどの価格である」「年金を含めて資金計画がぎりぎりである」などの事情があれば、消費者の判断力が著しく低下しており、そこに付け込まれたという一つの裏付けとなるでしょう。そうすると、購入の経緯において、何か不当な勧誘行為等があった可能性が高いと推認されるでしょう。

また、このような資金計画についてまったく話もできないようであれば、「判断力が著しく低下している」と認められるでしょう。

相手が、例えば「この投資用マンションを買っておかないと、定期収入がないのだから、奥様と今のような生活を送れなくなってしまう」などと言って不安を煽り、これを購入しなければ現在の生活の維持が困難になる旨を伝えたことがわかれば、より立証しやすくなります。**できる限り詳細な言葉などの事実を解明するとともに、証拠の収集に努めて対応しましょう。**

なお、**消費者相談の窓口に相談すると、その事業者が、同様のやり方で高齢者をターゲ**

ットに悪質商法をしていることがわかることもあります。恥ずかしがらずに相談することをお勧めします。

（その他の条文）

消費者契約法　**第4条（消費者契約の申し込み、またはその承諾の取り消し）**

第3項　消費者は、事業者が消費者契約締結のため勧誘する際、消費者に対して次に掲げる行為をしたことにより困惑し、それによって消費者契約の申し込み・承諾をしたときは、申し込み・承諾を取り消すことができる。

第5号　消費者が、加齢または心身の故障によりその判断力が著しく低下していることから、生計、健康その他の事項に関しその現在の生活の維持に過大な不安を抱いていることを知りながら、その不安を煽り、合理的な根拠等がないのに、消費者契約を締結しなければその現在の生活の維持が困難となる旨を告げること。

むりやりの訪問販売・購入

不当な契約をやめたい

【事例】

「いらなくなった、テレビ・ラジカセなどの家電製品を買い取る」という業者を自室に入れたところ、「他に貴金属もあるのではないか」と勝手に探されて高価な腕時計を見つけられてしまいました。「これは売れない」と言ったのに、5千円札を押しつけられて持っていかれてしまいました……。

【ワンポイント】

押し売りならぬ「押し買い」です。高価な品物を買い取りと称しながら、安い価格で持ち去る手口です。消費者を守る法律の特定商取引法で禁止されており、「クーリング・オフ」という手段で契約を撤回・解除することができます。

訪問販売とは、自宅に業者を入れて売買契約を結ぶことであり、押し買いも含まれます。第三者の目がないところですから、悪徳業者の付け入る隙が処々にあります。悪質で取り締まりの必要な手口が出てくると、直ちに法を改正して厳しく規制しています。

訪問販売に際して、「特定商取引に関する法律」では**「故意に事実を告げない行為をしてはならない、威迫してはならない、困惑させてはならない」**また、**「招かれていないのに勧誘しない（不招請勧誘）」**さらに、**「売却を断わられているのに引き下がらず勧誘を続けてはならない」**などの禁止行為を定めています。

このような契約をしてしまったときは、8日以内に書面で申し出れば、契約をなかったことにできます。契約をなかったことにすること・解消することを、法律では「申し込みの撤回・契約の解除」といい、一般には、「クーリング・オフ」といいます。

この期間は短く設定されていますが、クーリング・オフができることを説明しないなどして隠したり、脅しや困惑したためにその影響から業者に申し入れすることができなかったりした場合は、それができるようになったときを起算点にします。

クーリング・オフは書面で郵送する必要がありますから、契約書などを持参して、消費者相談の窓口で書き方を聞きましょう。

クーリング・オフをしたときに、品物の返却などに手間や労力がかかるかもしれませんが、業者がそれらの費用を請求することは禁止されています。さらに、消費者にとって不利な条項は無効にするという強い規制もありますので、これらの法的手段を知っておきましょう。

その他の条文

特定商取引に関する法律 **第58条の14（訪問購入における契約の申し込みの撤回等）〈抜粋〉**

第1項　購入業者が営業所等以外の場所において物品につき売買契約の申し込みを受けた場合におけるその申し込みをした者は、書面によりその売買契約の申し込みの撤回、またはその売買契約の解除を行うことができる。ただし、申し込み者等が第58条の8の書面を受領した日から起算して8日を経過した場合は、この限りでない。

第6項　前各項の規定に反する特約で申し込み者等に不利なものは、無効とする。

人の心理につけ込む特殊詐欺

オレオレ詐欺

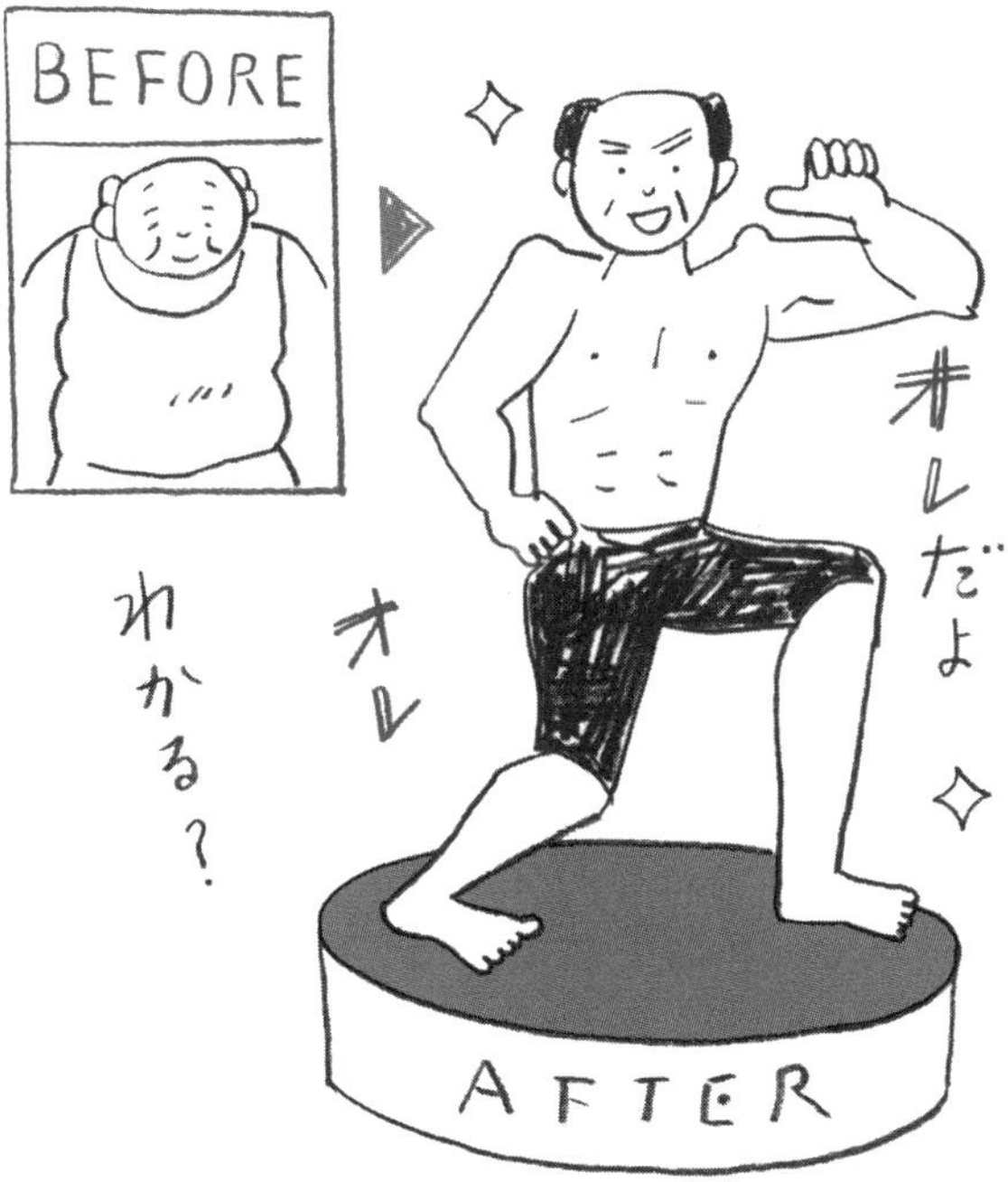

【事例】

息子が突然、電話をかけてきて「会社の金を使い込んだのがバレた！　明日から会計監査が入るので、今日中に200万円を作らないと会社をクビになる」と泣きそうな声で助けを求めてきました。部下がすぐに取りに来るというので、至急銀行に行って現金200万円を用意し、部下という人に渡しました。親不孝者と思いつつ「助けられてよかった」と、ほっとしましたが……。

この条文

刑法 **第246条（詐欺罪）**
第1項 人を欺いて財物を交付させた者は、10年以下の懲役に処する。

この条文

刑法 **第248条（準詐欺罪）**
未成年者の知慮浅薄、または人の心神耗弱に乗じて、その財物を交付させ、または財産上不法の利益を得、もしくは他人にこれを得させた者は、10年以下の懲役に処する。

特殊詐欺とは？

「特殊詐欺」とは被害者に電話をかけるなどして対面することなく信頼させ、指定した預貯金口座への振り込み、その他の方法により、不特定多数の者から現金等を騙し取る犯罪のことです。なお、現金等を脅し取る恐喝、および隙を見てキャッシュカード等を窃取する窃盗も含みます。いわゆる「オレオレ詐欺」「還付金詐欺」などです。

特殊詐欺は、犯罪組織の一種の事業として反復・継続的に行われており、犯行手口を絶え間なく巧妙に進化させています。特別な資産家等でなくても、これら犯罪集団に狙われるおそれがあります。

社会情勢の変化に伴い、次々と新たな手口を編み出し、人間心理を巧妙に操ります。

特殊詐欺の代表、オレオレ詐欺

相変わらず多いオレオレ詐欺。**特殊詐欺の半数以上を占めています。**

その詐欺文言はいろいろです。


「浮気をして、相手を妊娠させてしまい、女性の夫から告訴すると脅されている」

「交通事故を起こした。示談金を支払わないと大変なことになる」

「株に手を出して失敗し、大変な借金を作ってしまった」

「今日が支払い期限で取引先に渡さなければならない会社の小切手を入れた鞄を電車に置き忘れた」


……などなど、至急現金が必要であるかのように被害者を信じ込ませ、動転した被害者に、使いの者に現金を渡させたり、指定した預貯金口座に現金を振り込ませたりするなどの手口による詐欺です。

犯罪組織間で流通している名簿（カモリスト）に従って、事前に個人情報を把握して電話をかけてくることもあります。また、**息子などの親族を装うために、犯行の前に、被害者宅に「オレだけど、携帯電話をなくしてしまった」などと電話をかけて、犯人の声色に馴れさせることもあります。**さらに会話の中で、被害者から息子の名前等を引き出すという準備がなされることもあります。

「声がおかしいね」と言うと、「風邪をうつされた」と応じるなど、さまざまなシナリオを用意しています。

俳優ばりの演技力、劇場型詐欺

また、本人だけでなく、警察官や救急隊員になりすまして、まことしやかに、組織名から所属部署名、肩書きや階級まで名乗るなどして電話をかけてきたりします。

（警察官になりすまして）「息子さんが交通事故でけがをして話せないから、代わりに電話している。事故の相手に大きな損害が出てたいそう怒っているので、とりあえず弁償金を支払う方がいい。支払わないと息子さんは逮捕されます」

（弁護士になりすまして）「ご主人が痴漢をしたので、今事情を聞いている。今すぐ示談金を支払って示談すればこの場はおさまる。そうしないと逮捕され、会社にもばれ、裁判になってしまう」

このように、まさに劇の登場人物の一員として虚構の世界に引きずり込み、被害者にショックを与え、不安な気持ちにさせて信じ込ませ、お金を用意させて騙し取る手口です。

臨場感をかもしだすために、事前に録音したパトロールカーの音、駅構内のアナウンスや女性の声などを流したり、1本の電話だけでなく、鉄道会社の職員や弁護士と名乗る者が次々に同じシナリオに沿った電話をかけてきたりするなど、手の込んだ演出がなされることもあります。

常に情報を得て、落ち着いて対応

このような特殊詐欺などの被害を受けないようにするためには、そうした犯罪についての最新の知識を得ておくことが第一です。**何か非常事態が起こったときには、自分だけで判断せず、すぐに相談し合える態勢を作っておきましょう。**

他にも必要なことはさまざまありますが、手近なこととしては、**住居の電話機を特殊詐欺に対応したものに替える**ことが挙げられます。特に留守番電話機能は、相手方を確認してから対応できるので役立ちます。

また、そのような連絡がきたときのために「驚いた」「怖い」「急かされて焦った」「恥ずかしいので困った」などの状態にあるときには一呼吸おくことです。**人間は、ジェットコースターのように心理を揺さぶられると、正常な判断力が働きにくいという性質を持っているのです。**

感情が揺さぶられて平常心でいられない状態になったら、いったん電話を切って、すぐに信頼できる人に相談しましょう。その後、本当の相手のこれまでの電話番号に折り返しかけ直しましょう。

「消費者ホットライン」は、契約のトラブルや製品の事故を巡る相談をしたい消費者に、最寄りの消費生活センターや自治体の窓口を案内するサービスです。電話相談の窓口の番号は「**188（いやや！）**」です。

さまざまな手口とその対策

高齢者を狙う

特殊詐欺

架空請求詐欺

はがき、メール、電話などで、「債権や未払い金を支払え」などと虚偽の事実を口実にして金銭を請求するとともに、「請求に応じないと自宅を差し押さえる、強制執行をする、法的措置を講じる」などと、仰々しい文言で被害者を脅しまがいに動転させて、犯人の指定した預貯金口座に現金を振り込ませるという詐欺です。

法的手段で脅す

タイプの一つは、民事訴訟に絡めて、「法務省管轄支局　民間訴訟告知センター」「法務省民事訴訟管理センター」等を差出人とする郵便物で行われる詐欺です。実際にこのような組織はないということが知られてくると、犯罪組織の側では、「最高裁判所事務総局全国民事訟廷管理官室」（架空組織）とか「東京地方裁判所民事執行センター」（実在組織）などと、手を替え、品を替えて犯行を試み、詐欺のタネが尽きることはないように思えます。

「こんな役所があるの？」と疑問に思ったら、警察、消費者相談の窓口へ。記載されてい

る電話番号にかけて確認しようとするのは禁物です。

インターネットの利用に絡めた詐欺

犯人はまず被害者に対し、メールや文書で、「サイト利用料金が未納です」「サイト閲覧の無料期間が経過しましたが退会手続きをとられていないので、会員料金が発生していま す」「有料サイトの会員に登録されています」などと、虚偽の内容のメールを送りつけてきます。記載されている電話番号等に連絡をとると、「当社ではお客様の端末情報を入手しています。このまま放置すると、延滞料金は毎日加算されていきます」「連絡がない場合、裁判になります」などと言って被害者の不安を煽り、すみやかに料金を支払うことを要求してくるのです。

インターネットを使っているときに、いろいろなウェブサイトを閲覧することはあるでしょう。特に、アダルトサイトの閲覧について身に覚えのある男性は、家族に相談することがはばかられ、言われるがまま支払ってしまうこともありそうです。

安易に一度でもお金を払ったり、メールや郵便物の文面に記載された宛先に連絡をしたりしてしまうと、犯人に電話番号や勤務先などの個人情報が知られてしまい、その後、遅延損害金や調査料金などの名目をつけて何度もお金を要求され、被害が拡大していきます。

確認のためとはいえ、返信は絶対にやめましょう。恥ずかしくても警察・消費者窓口へ相談しましょう。

警察官、その他の官公庁・団体職員を詐称する詐欺

キャッシュカード要求型

まずは、警察官や銀行、銀行協会、金融庁の公務員など信用ある機関の職員等と称して電話をかけてきます。「振り込め詐欺の犯人を逮捕したら、あなたの預金口座が事件に使われていることがわかった」「偽のキャッシュカードであなたの預金口座が不正に使用されている」「制度が変わったので」など、さまざまな口実を使って手続きが今必要だと思わせます。

次に、偽の警察官や銀行などの職員と称する者が自宅を訪ねてきて、預金口座用のキャッシュカードを被害者に出させます。「この封筒にキャッシュカードと暗証番号を書いたメモを入れて、新しいカードが届くまで自宅で大切に保管してください」などと言って、封筒にキャッシュカードと暗証番号記載のメモを入れさせます。そして、「封印をするので印鑑を持ってきてください」などと言って用事を作ってその場を離れさせます。その隙に、偽のキャッシュカードと本物のキャッシュカードをすり替えるのです。偽のカード入りの封筒を被害者に渡して、本物のカードと暗証番号記載のメモとあわせて騙し取る手口です。犯人は、そのままカードと暗証番号により口座にある現金をそっくり引き出してしまいます。

キャッシュカードは現金と同じです。いっときも目を離さないようにしましょう。

公的職員が投資話に太鼓判を押して信用させる劇場型

まず犯人は、投資の勧誘電話をかけてきて「〇〇ファンドによる環境保全の取り組みの一環としての投資話」を持ちかけます。

それだけなら通常の勧誘電話だと思って多くの人は放置するでしょう。そこへ消費者庁や警察など、公的機関の職員を名乗る者（犯人の仲間）が、「怪しいファンドによる投資話に注意してください」と警告電話をしてくるのです。その際、「先ほど〇〇ファンドからの投資の勧誘があった」と答えると、仲間の者が「それはうらやましい、そこは信用ある選ばれた人だけが誘われるファンドだ」と太鼓判を押すのです。

最初の勧誘だけなら本気にしなかったところが、**公的機関の職員からお墨付きをもらったと思い込んで信用してしまい、投資話に乗っかって、金銭を騙し取られてしまうのです。**

うまい話はありません。

還付金型

地方自治体の職員などになりすまし、税金、医療費その他の還付や高齢者への年金その他の給付金の受領等に必要な手続きだと思わせ、「遅れていたのですぐにお支払いします」と言って、携帯電話とキャッシュカードを持って金融機関の現金自動預け払い機（ＡＴＭ）まで誘い出します。そこで携帯電話から指示をしてＡＴＭを操作させて、実際は他の預金口座に振り込ませるという手口です。ＡＴＭの操作に不慣れな被害者に還付金の受領のための操作をしていると信じ込ませる悪辣なやり方です。

そんなやり方をお役所はしません。電話があったら一呼吸おいて、まずは相談です。

アポ電強盗

最近、事前の電話で、高齢者から資産状況を聞き出したうえで犯行に及ぶ手口の強盗事件が相次いで起こっています。

犯行手口はオレオレ詐欺のように、被害者の身内になりすまして電話をかけ、「会社の金を使い込んでしまった。弁償しないと警察に突き出されてしまう。今、お金を用意できないか」「会社の健康診断で引っかかって精密検査を受けたらガンだと言われた。手術するのにお金がいる。今、家にどれくらいお金ある?」などと資産状況を聞き出して現金を用意させておいたうえで、複数の犯人で被害者の住居に押し入って強盗を働くというものです。

また現金を用意させる口実に、警察等の特殊詐欺対策のキャンペーンを逆手にとり、犯人が警察官を装って「警視庁特殊詐欺対策課のものです。現在捜査中の事件の関係で、あなたがお持ちの紙幣は偽札の可能性があることが判明しました。刑事に確認に行かせますので、紙幣を出しておいてください」などと電話をかけてから押し入る事件も起きています。

手口も話題の事柄を使うなど、オレオレ詐欺の手口と共通しています。

面会のアポイントメントを取り付ける電話をしたうえでの強盗ですので、略して「アポ電強盗」と呼ばれています。オレオレ詐欺は知能犯の色合いがありましたが、今や、強盗だけでなく殺人にまで至った事件もあり、凶暴化しています。注意が必要です。

刑事面・どのような犯罪になるのか？

人から現金や書画骨董、その他のいろいろな物を騙し取ったり、貸金債権その他の財産上の利益を騙して得たりした者には、刑法の「詐欺罪」が成立します。

また、「欺いた」「騙した」とまでは言えないとしても、被害者が「心身耗弱状態」、すなわち加齢等により心身が衰え、判断力が低下している状態であることに乗じて、財物を交付させたり、財産上の利益を得たりした者も同様で、「準詐欺罪」が成立します。

アポ電強盗は、暴力的に金品を奪うものですから「強盗罪」が、その際にけがをさせたり、死亡させたりした場合は、「強盗致死傷罪」が成立します。

（その他の条文）

刑法　第236条（強盗罪）

暴行、または脅迫を用いて他人の財物を強取した者は、強盗の罪とし、5年以上の有期懲役に処する。

刑法 **第240条（強盗致死傷罪）**
強盗が、人を負傷させたときは無期、または6年以上の懲役に処し、死亡させたときは死刑、または無期懲役に処する。

民事面・どのようにして責任を問えるか？

民法上は、詐欺によってなされた意思表示は取り消すことができます。例えば、価値のない壺を高価な芸術品と騙されて買い取り、売買代金を支払った場合、買うという意思表示を取り消して売買契約を解消し、それに伴う原状回復の措置として、相手に渡した代金を取り戻し、それに加えて、実際に取り戻すまでの経過期間の利息相当額などの損害賠償を請求することができます。

また、相手の詐欺行為を不法行為として、支払った代金相当額を損害として損害賠償請求することも可能です。

もっとも、損害賠償請求の訴訟を起こそうとすれば、訴状を準備しなければなりません。訴状には重要な証拠書面の写しも添付しなければならないため（民事訴訟規則第55条第2項）、証拠も自分で揃えなければなりません。さらに訴訟費用は、勝訴した場合は、相手から取れるとはいえ、訴訟に要する経費のうち、通常最も高額となる弁護士報酬は、日本では敗訴当事者の負担とされるべき訴訟費用には含まないのが一般的です。そのため勝訴しても、その分は自己負担となってしまいます。

古典的な詐欺の事例であれば、詐欺犯人を警察に捕まえてもらえば、こちらからわざわざ損害賠償請求訴訟などを起こさなくても、刑務所に行きたくない犯人が、騙し取った物を返し、その他の損害も賠償して示談にしようとしてくることも稀ではありませんでした。**しかし特殊詐欺では、背後にいる暴力団などの犯罪組織が、計画的かつ組織的に役割分担をし、いわば「職業的」に行っています。**連日電話をかけ続けるので目立たないよう電話をかける拠点を海外に設けるなど、検挙を免れるためにさまざまな手段を弄しています。

そして、捕まるのは犯罪組織の中では下っ端の手先ばかりといってよく、騙し取られた現金等は、犯罪組織を通じて、手早く行き先が辿れないように隠匿されてしまいます。また、騙し取った金銭を入金した銀行口座が判明すると、凍結し、その口座にある金員を被害者に返還する手続きを取ることができるのですが、即座に出金されてしまい、実効性が上がっていないのが実情です。

なお、最近、指定暴力団員が実行行為をした場合に、所属する暴力団組長への「使用者責任」（民法715条）を認める裁判例が相次ぎました。しかし、暴力団以外は、組織の指示命令系統などの解明が必要です。

うまい儲け話と思いきや……。

多くの人が老後の生活を支える資産について不安を持っている中、少しでも有利な利殖をしたいというのは当然の人情です。投資詐欺の犯罪組織は、そこに付け込んできます。

この条文

金融商品取引法　第29条（登録）

金融商品取引業は、内閣総理大臣の登録を受けた者でなければ、行うことができない。

投資詐欺の手口

まず、ダイレクトメールやパンフレットを使ったり、電話をかけてきたりなどします。その名目は、例えば次のとおりです。

・話題性のある新型コロナ対策事業、オリンピック・パラリンピック関連事業、CO_2排出権取引などの環境関連事業、再生エネルギー事業や人の連帯感・共感・同情心等に付け込んだ震災復興事業、確実な情報入手が困難な海外でのリゾート事業や海老養殖事業その他の事業自体やファンドなどの集団投資スキームへの出資
・仮想通貨（暗号資産）、未公開株、社債等の販売、コール・オプション権の買取
・ＦＸ取引（為替差益や金利差による利益配分等の取得を目的とする外国通貨取引）
・各種先物取引

さらに、**「あなただけに提供される」「今だけしか手に入らない」「絶対に儲かる」「元本保証なので安心だ」などと言葉巧みに自信たっぷりに勧誘してくるのが特徴**です。

金融商品を販売する場合は、「不利益なことをきちんと説明すること」「断定的な言葉（絶対に儲かるなど）は言わないこと」という決まりがあります。また、「あなただけに内密の情報です」のときは、インサイダー情報なら法律違反です。そもそも嘘の情報である可能性も高いでしょう。

金融商品取引法では、「有価証券」（他の者から金銭などの出資・拠出を受け、その財産を用いて事業・投資を行い、その事業・投資から生じる収益などを出資者に分配する仕組

みに関する権利）の取引業務は、金融商品取引業者でなければできません（金融商品取引法第29条）。

こうした勧誘をしてくる業者の登録を確認すれば、無登録であることが大多数だと思われ、金融商品取引法違反が疑われます。そうした事業自体を法律違反の状態で行っている業者の勧誘は、その話の内容が詐欺話であることが強く推定されることは言うまでもありません。

また、このような勧誘の中で「元本保証」をうたっているような出資は、出資法（同法第2条第1項）の「預り金」に当たることになります。その場合、銀行など金融業者以外の者が受け入れることはできません。出資金を受け取れば、出資法にも違反します。

「その大企業の信用に関わるので、今回のつなぎ融資は秘密裏に行われている」などの話をして情報確認ができないようにするのは詐欺犯人の常とう手段です。**「きちんとした情報確認ができない事情のある儲け話は詐欺話」**と理解しておきましょう。

見知らぬ業者からの勧誘だけでなく、親しい人からの紹介や勧誘であっても、十分注意することが必要です。

その他の条文

金融商品取引法 **第197条の2（無登録営業の罪）**

次の各号のいずれかに該当する者は、5年以下の懲役刑、もしくは500万円以下の罰金に処し、またはこれを併科する。

第10号の4　第29条の規定に違反して内閣総理大臣の登録を受けないで金融商品取引業を行った者

生活に困ったら？

生活保護

憲法は、国民が「健康で文化的な最低限度の生活を営む権利」、「生存権」を保障しています。そのために、国に対し、社会福祉等の向上に努める義務を課しています。その法律が、生活保護法です。セーフティ・ネットとしての制度を知っておきましょう。

この条文

生活保護法　**第1条（この法律の目的）**

この法律は、憲法第25条に規定する理念に基づき、国が生活に困窮するすべての国民に対し、その困窮の程度に応じ、必要な保護を行い、その最低限の生活を保障するとともに、その自立を助長することを目的とする。

生活保護を受給する高齢者世帯が増加

生活保護受給世帯のうち、65歳以上の高齢者世帯が半数以上に上ります。生活が「苦しい」および「やや苦しい」という回答は高齢者世帯の55・7％になっており、貧困世帯の割合が増加しています（厚生労働省「２０１９年 国民生活基礎調査」）。

実際に、受給している年金額だけでは不足します。国民年金受給者の平均受給額は月額約５万５千円、厚生年金受給者の平均受給額は約14万４千円です（厚生労働省年金局「平成30年度 厚生年金保険・国民年金事業の概況」）。ところで、高齢者が１カ月生活するのに１人当たり13万円程度が必要ですから、国民年金のみの受給者においては１カ月約７万円以上の赤字となります。ましてや、病気等のため国民年金料を支払っておらず、受給資格のない場合は大変です。さらに、住宅ローンが残っていれば、当然に生活は困窮することになります。

収入だけでは生活が維持できないとなれば、生活保護も選択肢となるでしょう。

生活保護受給の要件

生活保護は世帯単位です。世帯員全員が資産、能力その他あらゆるものを活用し、また、扶養義務者がいれば、その扶養義務が果たされることが優先されます。生活保護は、最終的手段といえます。

①年金を含めた世帯収入が基準額（厚生労働大臣が定める基準額で、地域ごとの最低限度の生活に必要な基準額）より低いこと

②資産はすべて生活費に充てること（資産活用）……生活に利用していない預貯金は引き出して生活費に。不動産は売却して生活費に充てる。自動車も障害のための通院などが必要と認められる場合を除いて売却すること

※今後、制度の改正により一定程度の財産の保有は認められる方向とみられる。

③能力に応じた仕事をしていること（能力活用）……シルバー人材センターなどを活用し、能力に応じて収入を得ること

④扶養義務者からの援助がないこと（扶養義務者からの扶養の活用）……配偶者、子ども、親、きょうだいなど、扶養義務者から援助を受けることができる場合には、原則としてそれを優先

⑤その他の制度をすべて利用すること……遺族年金など他の年金が受けられる場合にはそれを優先

生活保護の内容

生活保護が認められた場合、以下のような扶助が支給されます。

①生活扶助……日常生活に必要な費用で、食費、光熱費、被服費など
②住宅扶助……アパートなどの家賃や転居に伴う敷金・契約更新料など
③医療扶助・介護扶助……医療および介護サービスは無料
④生業扶助……就労するのに必要な技能の習得にかかる費用は、定められた範囲内で実費を支給
⑤葬祭扶助……葬祭にかかる費用は、定められた範囲内で実費を支給

その他の条文

憲法 **第25条（生存権）**

第1項 すべて国民は、健康で文化的な最低限度の生活を営む権利を有する。
第2項 国は、すべての生活部面について、社会福祉、社会保障および公衆衛生の向上および増進に努めなければならない。

民法 **第877条（扶養義務者）**

第1項 直系血族およびきょうだいは、互いに扶養をする義務がある。

第2項　家庭裁判所は、特別の事情があるときは、前項に規定する場合のほか、3親等内の親族間においても、扶養の義務を負わせることができる。

コラム①

80-50問題「パラサイトキッズ」とは？

【事例】
冬の札幌市内のアパートで、80代の母と50代の娘が死亡していたのを、ガス検針員が発見しました。死因は「低栄養状態による低体温症」。母の年金のみで暮らし、娘は30代で就職したものの、ほどなく退職して引きこもり状態でした。知人が生活保護の申請をアドバイスしたものの、「他人に頼りたくない」と拒否。現金9万円が残されていましたが、冷蔵庫は「空」だったそうです。

高齢化した「80-50」親子の背景や課題が浮き彫りになった事件ですが、このような悲劇は氷山の一角に過ぎないと報じられています。

仕事にも学校にも行かずに親に寄生するニートやパラサイトが話題になったのが十数年前ですが、そのまま年月が経過し、寄生する（パラサイト）子ども（キッズ）が50代になってしまいました。親も高齢となり、高齢者と引きこもり者の経済的貧困と生活上の困難とが複合した悲劇です。

子どもとのコミュニケーションがとれずに子どもが荒れてしまい、家庭内暴力から殺人事件にまで発展するという惨劇もありました。

引きこもりの原因

引きこもる原因はさまざまですが、例えば、就職して対人関係に疲れたり過重労働からのストレスを原因にうつ病を発症したりといった不安障害に陥っているケース、精神疾患や精神障害が引き金になっているケースなど、精神面のケアが必要な場合がほとんどです。専門家の手が必要です。

家族の中で解決しようとする姿勢が悪化を招く

「いい年した子どもが独立せず家の中にいることは、恥ずかしくて世間に知られたくない」との心理があることで、外部との接触を図らず孤立してしまうと、問題は表面化しませんが、行政や専門家の支援が届きません。ずるずると閉塞状態が続くのですが、いずれ、経済面・心身面・生活面での限界が訪れます。

パラサイトキッズを防ぐには

引きこもりの状態は、長く続くと社会復帰がいっそうむずかしくなります。そもそも家庭内だけで解決することはまず不可能です。

信頼できる友人や周囲に相談できる人がいなければ行政の窓口を利用することもできます。国では引きこもりの対策支援を行っています。知らない人と新たな関係を作ることによって道が拓ける可能性があるかもしれません。その人らしい生き方を見つけましょう。

早期の対応が望ましいのですが、高齢になってにっちもさっちも行かなくなる前の時間との競争です。

困窮しているなら生活保護を視野に

生活が困窮している場合は、「生活保護」の申請ができるかどうかを市区町村の担当窓口、福祉事務所の生活保護担当などに相談しましょう。

参考 P.115 ↓生活保護

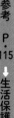

第4章

高齢者の医療・介護制度を知る

健康的な暮らしを送りたい

高齢者を守る医療に関する法律

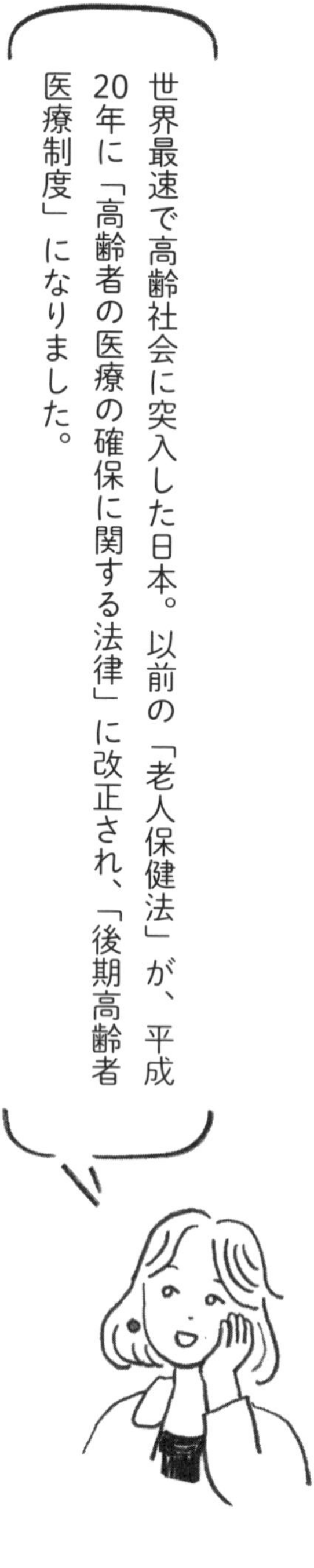
世界最速で高齢社会に突入した日本。以前の「老人保健法」が、平成20年に「高齢者の医療の確保に関する法律」に改正され、「後期高齢者医療制度」になりました。

この条文

高齢者の医療の確保に関する法律

第1条（目的）

この法律は、国民の高齢期における適切な医療の確保を図るため、医療費の適正化を推進するための計画の作成および保険者による健康診査等の実施に関する措置を講ずるとともに、高齢者の医療について、国民の共同連帯の理念等に基づき、前期高齢者に係る保険者間の費用負担の調整、後期高齢者に対する適切な医療の給付等を行うために必要な制度を設け、もって国民保健の向上および高齢者の福祉の増進を図ることを目的とする。

この条文

高齢者の医療の確保に関する法律

第47条（後期高齢者医療）

後期高齢者医療は、高齢者の疾病、負傷、または死亡に関して必要な給付を行うものとする。

制度の対象者は？

加齢や障害によって、またその人の所得によって医療の求め方も違います。高齢者全体に目配りしつつ、その人に合った医療となるように、制度が再設計されました。

- 75歳以上の人……75歳の誕生日当日に資格を取得します。届け出は不要です。自動的に対象になります。
- 65歳以上75歳未満の一定の障害者……障害の認定の申請をして認められれば、対象になります。

公的医療保険は、「被用者保険」（会社等の勤め人が加入）や「国民健康保険」（地域保険とも呼ばれ農家、自営業者、非正規雇用者、会社の退職者等が加入）などがありますが、年齢・障害等の前述2つの区切りによって、高齢者・障害者はこの制度に一本化されます。

支払う保険料の金額は？

保険料は、条例により後期高齢者医療広域連合が決定し、毎年度、個人単位で賦課されます。２年ごとに保険料率が改定されます。

保険料額は、①被保険者全員が負担する均等割と、②所得に応じて負担する所得割の２つで構成されています。なお、所得が低い人は、世帯（被保険者全員と世帯主）の所得に応じて、保険料の均等割額の軽減措置があります。

自己負担の割合は？

医療機関等の窓口での支払いは、同じ世帯の被保険者全員の所得がいずれも１４５万円未満の場合、一般的には医療費等の１割です。ただし、住民税課税所得が１４５万円以上であっても、一定の要件に該当し、「基準収入額適用申請」をして認められると、１割負担になります。市区町村の窓口に確認しておきましょう。

また、現役並み所得の人は３割となります。同じ世帯の被保険者の中に住民税課税所得が１４５万円以上の人がいる場合も同様です。

毎年８月１日現在の世帯状況と前年度の所得に基づいて判定されます。

介護保険法の制定

平成12年4月、「国民の共同連帯の理念」に基づき、新たな社会保険として介護保険法が施行されて、制度が創設されました。「介護の社会化」を大きな旗印として国民全体で支え合うのです。

介護保険は市区町村が保険者となり、制度の運営を行います。40歳以上の国民が被保険者となり、40歳から介護保険料の支払いを開始します。費用を国民全体で支払い、必要とする人に支出して支える保険システムなのです。

法は、介護される人の人権・尊厳を守り、その人の能力に応じて自立した日常生活を営むために、介護される人が主体性を持って選択した保険給付を行うことなどを決めることを目的としています。

近年、核家族が増え、「一人暮らし」「夫婦二人暮らし」の高齢者世帯が全体の過半数以上となっています。今後、「老老介護」(65歳以上の高齢者同士の介護状態)や「認認介護」(認知症の人同士の介護状態)の世帯が増え、事故が起きやすい趨勢です。介護をする人が疲れきらないように、また介護で共倒れにならないように、対応策を講じていくことが我が国の大きな課題となっています。

その他の条文

介護保険法 第1条（目的）

この法律は、加齢に伴って生ずる心身の変化に起因する疾病等により要介護状態となり、入浴、排せつ、食事等の介護、機能訓練並びに看護および療養上の管理その他の医療を要する者等について、これらの者が尊厳を保持し、その有する能力に応じ自立した日常生活を営むことができるよう、必要な保健医療サービスおよび福祉サービスに係る給付を行うため、国民の共同連帯の理念に基づき介護保険制度を設け、その行う保険給付等に関して必要な事項を定め、もって国民の保健医療の向上および福祉の増進を図ることを目的とする。

介護トラブル①

介護者による虐待

超高齢社会の現在の日本では、家庭内での高齢者の虐待が、大きな問題となっています。高齢者虐待は外部から気が付きにくく、重篤な状況で発見されてしまう例も多くみられます。

この条文

高齢者虐待の防止、高齢者の養護者に対する支援等に関する法律　第1条

この法律は、高齢者に対する虐待が深刻な状況にあり、高齢者の尊厳の保持にとって高齢者に対する虐待を防止することが極めて重要なことをかんがみ、高齢者虐待の防止等に関する国等の責務、高齢者虐待を受けた高齢者に対する保護のための措置、養護者の負担軽減を図ること等の養護者に対する養護者による高齢者虐待の防止に資する支援（養護者に対する支援）のための措置等を定めることにより、高齢者虐待の防止、養護者に対する支援等に関する施策を促進し、もって高齢者の権利利益の擁護に資することを目的とする。

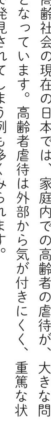

虐待の実態

虐待には、次のような態様があります。

・身体的虐待……暴力行為などで身体に傷や痛みを与える行為
・介護・世話の放棄や放任（ネグレクト）……意図的かどうかを問わず、介護や生活の世話を行っている家庭がそれを放棄や放任をし、生活環境や身体・精神的状態を悪化させていること
・心理的虐待……暴言、脅しや屈辱等の言話や威圧的な態度、無視、嫌がらせなどによって精神的・情緒的苦痛を与えることや、外部との接触を意図的・継続的に遮断する行為
・性的虐待……本人との間で合意が形成されていない性的な行為、その強要
・経済的虐待……本人との合意なしに財産や金銭を横領・騙し取り、本人の希望する金銭の使用を理由なく制限すること

虐待件数は、家族や親族によるものが年々増加しています。

家族による虐待者の内訳を見ると、「息子」39・9％、「夫」21・6％「娘」17・7％となっており、実の息子から虐待を受けるケースが多いのが特徴です（厚生労働省『「高齢者虐待

の防止、高齢者の養護者に対する支援等に関する法律」に基づく対応状況等に関する調査結果』平成30年度）。

特に息子による虐待は、仕事を辞めた後の閉塞感が強いときに起きていることが多い傾向にあります。慣れない家事や介護をするということは社会的孤立・経済的孤立につながり、思い通りに進まないことも多く、虐待に至っているのではないかとみられます。

虐待防止には、第三者の目が大事です。虐待がある場合、被害を受けている高齢者だけでなく、加害者もなんらかの問題を抱えています。必要な介護サービスを受けて、介護している人も自由時間と心身のゆとりを持てるよう工夫をしていくことが重要でしょう。

高齢者虐待の通報義務

養護者、または養介護施設従事者等から虐待を受けたと思われる高齢者を発見したら、速やかにその旨を市町村に通報することが求められています。

通報を受けた市町村は、関係者（機関）と連携協力のうえ、高齢者の安全確認や事実確認をしたうえで、必要な対応を実施しなければなりません。

高齢者の安全確保のため、積極的介入が必要と判断された場合は、次のような措置が取られます。

・立ち入り調査
・高齢者の保護（養護者との分離）
・老人福祉法に基づく老人福祉施設への措置
・面会の制限
・養介護施設・養介護事業所への指導等

（その他の条文）

高齢者虐待の防止、高齢者の養護者に対する支援等に関する法律

第7条（養護者による高齢者虐待に係る通報等）

養護者による高齢者虐待を受けたと思われる高齢者を発見した者は、当該高齢者の生命、または身体に重大な危険が生じている場合は、速やかに、これを市町村に通報しなければならない。

介護トラブル②

介護者による介護放棄・殺人

介護や生活の世話を行っている家族が疲れ果ててしまうと、介護が必要な高齢者の世話をせず、放任してしまうことも。入浴をさせず異臭がする、髪が伸び放題になっている、皮膚が汚れている、水分や食事を十分に与えられず、空腹状態が長時間にわたって続き、脱水症状や栄養失調の状態にある、室内にごみを放置するなど、劣悪な住環境の中で生活させるというような惨状になってしまうのです。

この条文

刑法 **第218条（保護責任者遺棄等罪）**

老年者、幼年者、身体障害者、または病者を保護する責任のある者がこれらの者を遺棄し、またはその生存に必要な保護をしなかったときは、3カ月以上5年以下の懲役に処する。

介護放棄

「現代のうば捨て山」と言われた事件があります。

認知症の疑いのある79歳の父を、40代の娘が高速道路パーキングエリアに置き去りにしたものです。娘は保護責任者遺棄の疑いで逮捕されましたが、最終的には不起訴処分になりました。

不起訴になった理由は、たまたますぐに救護されて、生命の危険がさほどなかったこと、今後も父の介護をする責任があり、そのための手段を講じられる見込みがあること、事件に至るまでにかなりの同情すべき背景があったことなどが考慮されたとみられます。しかし仮に、死亡という重大な結果になっていたら、不起訴ということはまずなかったでしょう。

その他の条文

刑法 **第219条（遺棄等致死傷罪）**

前2条の罪を犯し、よって人を死傷させた者は、傷害の罪と比較して、重い刑により処断する。

介護殺人

介護殺人の背景は？　犯人像は？

介護疲れから、子どもが高齢の親を殺害する、または、介護している夫婦間で殺害、あるいは無理心中に至るという痛ましい事件に発展するケースが毎年のように起きています。通常の殺人事件数は減少しているのに、このような犯罪については、増加傾向にあります。

親族間の殺人における高齢加害者の多くは前科・前歴がなく、「介護疲れ」や「将来を悲観」して犯行に及ぶものが多いです。一般の殺人事件と違い、長年社会に貢献し、まっとうに暮らしてきた人が「介護」という壁にぶち当たると、一転、犯罪者になってしまうことがままあるのです。東京地方裁判所の元刑事裁判官が介護殺人犯になったという衝撃的なものもありました。

その他の条文

刑法　第199条（殺人罪）

人を殺した者は、死刑、または無期、もしくは5年以上の懲役に処する。

心理状況は？

介護疲れなどのストレスが重なって「殺したい」「もういやだ。一緒に死んでしまいたい」と思う瞬間があっても、なんとか踏みとどまる人が多いでしょう。

しかし、最悪の事態に至った経緯として、「認知症・寝たきりなどの被介護者の病気が深刻である」「不眠や食欲不振など介護者の体調悪化で限界にきている」「世帯の経済的困窮で、助けや介護サービスを求めるにも資金の余裕が一切ない」などが認められます。これらの要素が重なると、一人の力ではもはや抱えきれないのでしょう。また、加害者が高齢であれば、老い先短いことは自覚していますから、「死」を選択しやすいのかもしれません。育児と違って、介護は将来状態が悪化すると想定されますから、絶望感を抱くのも無理からぬことでしょう。

さらに、介護者にうつ病がみられるケースも少なくありません。健康な精神状態であればなんらかの対処法を検討できるのでしょうが、うつ病によって前向きな思考が奪われ、よけいに「死」を強く意識してしまうのでしょう。

予防するために！

介護保険制度が創設される20世紀まで、「介護は家族の責任」とされてきました。しかし、今や「社会の責任」として社会保険の制度が構築されています。

さまざまなサービスがあることを知り、上手に利用して、心身だけでなく生活面での負担感を取り除くことは、介護される人だけでなく、介護する人にとっても重要です。周囲の人も、できるだけ行政の窓口につないでいくことが必要です。

都会では、地域からの孤立化が甚だしく、少人数家庭がさらに増加しています。個人が孤立し、孤独な世界に入ってしまい、背負いきれないという事態に至らぬよう、悲惨な事件が起きないよう、個人も地域も行政も元気なうちから備えていきましょう。

介護トラブル③

介護者に対するパワハラ

介護現場でのハラスメントは介護される人だけでなく、介護する職員に対しても深刻な実態が見えます。平成30年は、介護利用者からのハラスメントを受けたことのある職員が、サービスの内容によって6割から2割程度います。（株式会社三菱総合研究所「介護現場におけるハラスメント対策マニュアル」平成31年）

特に、自宅に出向いて行う介護や医療サービスの現場では、職員の半数以上がハラスメント被害を受けているという現実があります。

この条文

刑法　**第223条（強要罪）**

第1項　生命、身体、自由、名誉、もしくは財産に対し害を加える旨を告知して脅迫し、または暴行を用いて、人に義務のないことを行わせ、または権利の行使を妨害した者は、

3年以下の懲役に処する。

利用者による介護者に対するパワハラはなぜ起こるのか？

高齢者の中には、訪問介護職員を「なんでも頼めるお手伝いさん」のように認識してしまう人がいるようです。

訪問介護の支援内容は、ケアプランで定められたものに限定されています。また、あくまでも利用者本人だけに対してだけ行われるものです。家族に対する支援サービスはありません。しかし介護してもらう人が甘えたり、家族までもが依存したりするケースもあります。

パワハラに当たる行為の例を挙げてみましょう。

- 対象外の用事を依頼して、拒絶すると暴言や嫌がらせなどをする
- 「上司に対する言葉づかいとしてなっていない」「敬語ではない」などとしてサービス施設責任者を呼び出し、介護職員の交替を要求し、怒鳴る
- 介護職員が自分と対等な口をきいたり、対等な態度にでるのはけしからん、との不満を抱き、ことあるごとに文句を言う

・食事等のための介添えをしようとすると、唾を吐いたり、手をつねったり、振り払ったり噛んだりするなどの暴力に及ぶ

ストレスのはけ口にされていても、そのことを周囲に相談しにくく抱え込んでしまう人も少なくありません。我慢したあげく、自信を喪失したり、ストレスを溜めて病気になったりすることもあります。ついには退職や、その後の職業生活への復帰が困難になることもあります。

パワハラを防止するには？

まず職場では、心理に関する相談員や医療・福祉の現場にも共通する「感情労働」について従事者を疲弊させないこと、「燃えつき症候群」にならないようにすることが重要です。問題が起きたとき、一人で悩まず職場全員で問題を共有し、相互に相談しやすい雰囲気づくりを心がけましょう。それとともに、心理の専門家、カウンセラー、場合によっては弁護士による支援体制も整備しておきましょう。

また、訪問介護等を開始するときに、利用者と家族に対して理念とサービスの内容等について繰り返し説明をしておくこと、利用者と介護者は上下関係にはなく対等であるという意識づけも重要です。

介護トラブル④

介護者に対するセクハラ

パワハラと同じく、介護現場でのセクハラも、深刻な問題となっています。

特に、自宅を訪問する「訪問介護」では、利用者に近い距離で介護することも多くセクハラを受けやすくなっているといえるでしょう。

介護職員には女性が多く、一人で利用者宅を訪問する訪問介護などは密室の中のできごとで、被害を受けた介護職員が事業所に訴えて発覚することがほとんどです。

この条文

刑法 **第176条〈強制わいせつ罪〉〈抜粋〉**

暴行、または脅迫を用いてわいせつな行為をした者は6カ月以上10年以下の懲役に処する。

どんな行為がセクハラに当たるか

セクハラには、例えば以下のようなものがあります。

・性的な冗談を言う
・性的な体験談を聞く・話す
・相手の身体への不必要な接触
・デートや性的関係を執拗に迫る
・わいせつな写真や絵などを見せる

介護現場でのセクハラの中には、「ちょっとからかわれた」という程度を超えて、次のような深刻なケースも報告されています。

・男性利用者の入浴介助中、自分で洗える箇所なのに「陰部を洗え」と命令される
・介護中に性的なビデオを見ている。わいせつな本をベッドに置いている
・調理をしている最中に、背後から羽交い締めにされた
・介助中に顔を急に近づけられ、キスをされた
・性的なことを訪問中に話し、制止しても止めない

・食事などの二人きりでの外出にしつこく誘ってくる
・おむつ交換や入浴介助のときに胸をわし掴みにされた
・住所や連絡先などをしつこく聞き出そうとする
・訪問時に利用者が裸で出迎え、服を着てくださいと伝えても着てくれない
・男性利用者に追いかけられソファに押し倒された。すごい力で手首を押さえつけられ、全治2週間のけがを負った
・利用者の息子に部屋に連れ込まれ、身体を触られた

介護事業者の対応

利用者や家族からのセクハラは介護職員の心身状況を悪化させ、介護離職にもつながりかねません。深刻化する介護者不足に拍車をかけるとの危機感もあり、介護事業者の方では、職員から利用者によるセクハラ等の行為について報告を受けると、次のような対策をとるようになってきています。

・その利用者の担当から外す
・複数人での訪問や介護を行う
・各関係機関や家族などと対策を講じる会議を開く

利用者やその家族として気を付けるべきこと

加齢により抑制力がなくなったり、認知症で判断力が低下したりということもありますが、世代の違いや価値観の違いなどもセクハラの大きな原因といえるでしょう。

本人は「セクハラを行っている」という認識がなく、職員等が制止しても止めないケースも多いのが現実です。

したがって、家族や周囲の人としては、高齢者に対して「こういうこと（セクハラ）は、相手が嫌な気持ちになるから、言ったりやったりしてはいけない」ということをよく言い聞かせることから始め、このまま続くと、「どんな人も対応してくれなくなる。食事も入浴もできなくなる」ということも納得しやすい言い方で伝えましょう。

なお、本人と介護職員との会話をよく観察して、セクハラの傾向がみられるようなら、できるだけ二人きりにしないなどの配慮は必要です。

HOSPITAL

（コラム②）

最期のあり方を見つめる

【事例①】 論客として有名な学者。妻に先立たれた後、持病の痛みに苦しんでいたこともあって自らの死生観に従って自殺を決意。その覚悟を家族に伝え、知人に入水自殺の手助けを依頼し、実行。その手助けをした知人は「自殺幇助罪」で逮捕され有罪に。

【事例②】 重篤な神経難病の患者。安楽死を希望するも主治医は対応せず、SNS上で別の医師に安楽死を依頼した。医師は患者と初対面で薬物を投与し、この患者を死に至らせ、「承諾殺人罪」に問われた。

【事例③】 重病で回復の見込みのない状態。徐々に悪化しており、これ以上長引かせては辛いだろう、家族も望んでいると考え、有害物質を注射したところ、「殺人罪」として起訴され、有罪に。

自殺は罪かどうかについての考え方

人が他人の自殺を手助けすれば「自殺幇助罪」に、頼まれて他人を殺害すれば「承諾殺人罪」に問われます。いずれも違法であるとして犯罪になります。

一方、自殺についてはいろいろな意見はありますが、私は「命を失わせる行為」は他人がやれば当然、違法で（承諾）殺人罪になり、自らがなしたことであっても「違法」な行為であると考えます。自殺自体を「法的に放任された行為」とする考えや、「処罰に値するほどの強い違法性はない行為」とする考えもありますが、私はそうであるとは考えません。

しかし、我が国の刑法には自殺罪や自殺未遂罪という犯罪は定められておらず、「罪刑法定主義」に基づき、処罰されません。それは、自殺を企てる人に対して懲役などの刑罰によって思いとどめさせることを期待できず、刑罰という「責任」を負わせること自体が無意味なためだからではないでしょうか。なお、ＷＨＯの自殺予防マニュアルによれば、自殺既遂者の90％が精神疾患を有していたことからも、多くは「責任」を問えない状況であることがうかがえます。

では、なぜ自殺を「違法」と考えるのか。

人の生命は、自分だけのものではありません。人は、時を超え連綿とつながって生まれきて社会の構成員として存在している、という側面があるのです。そのため、人の命は自分だけのものではなく、社会のものでもあると、私は考えています。ですから自分勝手に自殺することは許されず、社会の中で生きる義務があると思うのです。

少し似た考え方として「名前・氏名」もそうです。自分の名前ですが、社会でも使われるものなので、法律上の「氏」・「名」の変更は家庭裁判所の許可が必要なのです。

安楽死・尊厳死をどう捉えるか

事例③の医師は殺人罪として執行猶予付きの有罪になりました。その横浜地方裁判所の裁判例では、医師による薬物・有害物質等の投与などの安楽死が許される要件として、次の条件を示しました。

（1）患者に耐えがたい激しい肉体的苦痛があること
（2）患者は死が避けられず、その死期が迫っていること
（3）患者の肉体的苦痛を除去・緩和するために方法を尽くし、代替手段がないこと
（4）患者自身による、安楽死を望む意思表示があること

これらの条件が満たされれば、安楽死が認められる（違法ではない）としましたが、事例③の患者には激しい肉体的苦痛があったとは認められず、安楽死を望む意思表示があったと

も認められないなどとして、「殺人罪に当たる」としたのです。

そうすると、事例②の場合、少なくとも（3）の要件については、主治医ではないだけでなく初対面で、短時間のうちに薬物を投与したということならば、この要件に該当しない疑いが濃厚です。

その一方で、患者自身の苦痛をどう考えるか、別の次元で考える必要があるでしょう。「安楽死」「尊厳死」という概念があります。

これは延命治療を施さず、自然な死を迎えさせることです。例えば、人工呼吸器や点滴などの生命維持装置をつけない、あるいは、痛みを除くための麻酔等は死期を早めるとしても必要量を投与する……などの手段・行為は認められる、とする考えです。

ならば、必要量を超える麻酔薬についてはどうか、すぐに心肺停止に至る管を抜く行為はどうかなど、実は線引きも困難な問題が残されています。

少なくとも、このような事態に備えて、意識や判断能力が明瞭なときに、「尊厳死」を希望すると意思表明し、予測できる具体的な内容をある程度明示することなどがあれば、家族や医師も治療方針を立てやすいでしょう。死期間近の最終段階では、自己決定権が認められるという考え方に基づきます。

これは、医療技術が発達した現代だからこそ、このような選択肢が出てきたともいえるでしょう。また、情報の混在するＳＮＳの活用についても何らかの規制が必要か、考えさせられるところです。法律・医療倫理にわたる現代的な課題です。

第5章

夫婦に関するもめごと

離婚の基本と手続き

離婚は、決して稀な事柄ではありません。深刻な非難合戦の紛争が長期化して、子どもなど親族にまで大きな傷跡を残すこともありますが、将来を見据えて独り身の穏やかな日々を送る選択肢もあり得ます。

この条文

民法　第763条（協議上の離婚）

夫婦は、その協議で、離婚をすることができる。

主な離婚の方法

離婚の方法は、いくつかありますが、利用の多い協議離婚、調停離婚、裁判（判決）離婚について説明しましょう。

協議離婚

日本の離婚のうち、約9割に上ります。

夫婦は、話し合いで合意すれば、離婚をすることができます（民法第763条）。

「夫婦別氏（別姓）にしたいから」「生活保護を受けるのに、夫婦よりも独身がよいので戸籍上は離婚する」という動機・目的からの協議離婚でも法律上は有効に離婚が成立します。

ただし、生活保護は実態を見ますから、離婚していても共同生活を送っていて生活費を受けるなどしていれば受給できないことも大いにあり得ます。

離婚は、当事者2名と成年の証人2人以上が署名した書面で届け出をし、その届け出が受理されると成立し、その効果が生じます。

離婚意思は、離婚届の書面を作成（署名・押印）する時点と、離婚届を提出する時点の2つの時点で、当事者の双方になくてはなりません。離婚届の書面を作成するときに離婚意思があっても、その後に当事者の一方の気が変わって離婚意思がなくなった場合には、法的に有効な離婚はできません。

戸籍実務ではこのような離婚の届け出が行われるのを防ぐため、離婚の届け出について不受理とするよう申し出る「離婚届不受理申出制度」があります。この制度は、知らぬ間に第三者が届け出をすることへの防止にも利用できます。

調停離婚

離婚の訴えを提起しようとする人は、まず家庭裁判所に調停の申し立てをしなければなりません（最初に調停での話し合いをすることとされています＝調停前置主義）。

そこでは離婚に向けて、逆に円満解決に向けてのいずれの調停も可能で、「夫婦関係調整調停」と呼ばれています。

調停委員を交えた話し合いにより、夫婦間に離婚の合意が成立します。これが調停調書に記載されれば、離婚の確定判決と同一の効力が生じ、10日以内に戸籍の届け出が必要となります。

調停では、裁判外で話し合いを続けるほか、別居して様子を見るなどの理由でいったん取り下げたり、一方が不出頭のまま訴訟に移行したりすることもあります。

裁判（判決）離婚

調停が成立しないとき、家庭裁判所での離婚訴訟に移行します。2週間以内に当事者が訴えを提起すると、調停申し立てのときに提訴したものとみなされます。

離婚訴訟では、民法第770条第1項に定められている離婚原因となる事由の有無が審理・判断されます。ただ、こうした事由が認められたとしても、裁判所が一切の事情を考慮して婚姻の継続が相当であると認めるときには、離婚請求を棄却することができます（同条第2項、裁量棄却)。

民法第770条第1項の離婚事由

配偶者に不貞な行為(不貞行為)があったとき(同条第1項第1号)

かなり多い理由です。さまざまな間接証拠・状況証拠から証明することになります。最近は、メールの文言が有力な証拠になることも多いです。

配偶者から悪意で遺棄されたとき(同項第2号)

婚姻関係の解消を意図して家出などをし、生活費も渡さないなどです。別居が合意による場合や病気療養、出稼ぎ、相手方配偶者からの暴力を避けるためなど正当な理由がある場合は「悪意」とはいえず、「遺棄」にも当たりません。

配偶者の生死が3年以上明らかでないとき(同項第3号)

生死不明の原因は問われませんが、生死不明は訴訟が結審する段階でも継続していなければなりません。

配偶者が強度の精神病にかかり、回復の見込みがないとき（同項第4号）

夫婦の一方が精神病（精神疾患）にかかっただけで認められるものではありません。病者の今後の療養、生活等についてできる限りの具体的方途を講じ、ある程度において、前途の見通しのついたうえでなければ、離婚を認めない趣旨とされています。例えば、「重度の認知症になった」というだけで離婚が認められるわけではないのです。

その他婚姻を継続し難い重大な事由があるとき（同項第5号）

最も使われる規定です。具体例としては虐待・侮辱、性格の不一致、不和状態などが挙げられます。

【事例】
夫が若い女性と浮気。一緒に住むと言って家を出ていってしまいました。

離婚原因を申し出る夫の理由に多いのは、不貞行為（浮気）です。浮気で家を出て行った夫であっても、別居期間が5年も経過すると、離婚が認められる可能性が高くなります。前項を参照してください。

もちろん、いずれ離婚になるにしても、現時点で許せないとして争うことも可能です。そのためには不貞行為の証拠集めが重要となります。

有責配偶者からの離婚請求も認められる

有責配偶者、例えば、勝手に家を出て行き、別の人と夫婦同然の同居を開始した人のように、破綻の責任のある人のことです。このような人が出奔してすぐに離婚請求をしたとしても、あまりに身勝手である（法を守る者だけが法の保護を求めることができるという「クリーンハンズの原則」に反する）として、以前は認められませんでした。しかし今では、婚姻が破綻して形だけの関係が長らく続くと、もはや無責の配偶者を保護する必要がないとして有責配偶者からされた離婚請求であっても、認められるようになっています。別居期間も、現在はおおよそ5年程度経過すれば、認められる傾向です。

離婚に付随する手続き……氏変更

婚姻によって氏（苗字・姓）を改めた夫、または妻は離婚によって婚姻前の氏に復することが原則ですが、婚姻中の氏を引き続き使用したい場合は、離婚の日から3カ月以内に戸籍法所定の届け出をすることによって、離婚の際に称していた氏を称すること（婚氏続称）ができます。

財産分与・慰謝料・年金などを検討する

離婚に至る場合、財産分与・慰謝料等の財産的な給付を十分にすることは大前提です。今後の生活のために、離婚に伴う財産的な請求が重要となってきます。

なお、離婚を視野に入れたときには、相手が管理している預貯金通帳、生命保険に関する書類、証券会社の口座、不動産登記簿あるいは給与明細書・確定申告書などの所得や資産を証明する書類などをコピーして早めに証拠として保存しておくことが重要です。慰謝料のために有責性、例えば不貞行為などに関する証拠メール、暴力による診断書、などもあれば用意しておきましょう。

離婚に同意するかどうかも考えどころですが、自らの今後の生活が維持できるのか否かについても十分に検討し、資料も揃えて、将来設計を立てていきましょう。

裁判で熟年離婚

モラハラな夫に愛想が尽きた

【事例】

結婚以来、夫から四六時中、「誰がお前たちを食べさせてやっているか、わかっているのか」「お前は最低だ」などと言葉で責め立てられ、ちょっとでも失敗をすると執拗に攻撃されてきました。子どもが独立するのを機に、夫に離婚を申し出たいのですが……。

この事例は、「モラハラ」と呼ばれる行為に当たります。モラハラとは、「モラルハラスメント」の略で、「倫理、道徳（モラル）に反する嫌がらせ（ハラスメント）」という意味になります。

モラハラの例としては、暴言を吐く、馬鹿にする、相手を否定・無視したり、相手を貶める言動をすることが挙げられます。家庭内でのモラハラといえば、多くは妻が被害者ですが、夫が被害者の場合もあります。また、身体的暴力も振るわれているとすれば「ドメスティックバイオレンス（ＤＶ）」になります。両者が合わさっていることもよくあります。

モラハラをする夫に離婚したいと申し出たとき、夫としては受け入れがたいと推測され、話し合いでの解決がむずかしい場合もあるでしょう。その場合は調停を申し立て、最終的には離婚訴訟をせざるを得ないでしょう。

裁判では離婚原因としての「婚姻を継続しがたい重大な事由」に、モラハラは該当するのでしょうか？

モラハラといっても幅が広く、離婚が認められるのは、その程度が甚だしく酷い場合です。深夜でもおかまいなし、ことあるごとに妻をとことん徹底的に侮辱するなどということが日常的に発生している状態です。近隣にも大声等が届いており有名になっていたり、夫婦喧嘩程度という生易しいものではなく、反抗どころか口答えすら許されない状況であったりすれば認められるでしょう。

証明するための証拠とは？

録音、メールはわかりやすい証拠です。いつ、誰が、どこで、どのような機会に、どの機器で残したかなどの経緯も記録しておきましょう。

また、**メモも後で思い出してまとめ書きをするのではなく、できるだけそのつど記録して残しておきましょう。乱暴な字、書き方でもかまいません。**

行政などの相談窓口での相談、弁護士会等での相談、または、心が疲れていたときの病院通院記録などもあれば、保存しておきましょう。

さらに、相談している親族や友人にもいざというときに証人になってもらえるように依頼しておきましょう。仲人さんなどの中立的な人ほど証拠として信用性が高くなります。

子どもが後押ししてくれているかも重要です。

なお、裁判等で時間がかかるおそれもあります。少なくとも生活費半年分の手元資金も用意しておきましょう。暴言がひどくなって一緒に生活ができないことも想定し、婦人相談の窓口で適切なシェルターなどを紹介してもらい、避難場所も確保しておきましょう。

離婚原因と認められるようなモラハラであれば、財産分与のほか、慰謝料を請求することができます。しかし慰謝料額はそれほど多くはなく、せいぜい数十万円程度でしょう。精神的被害は思ったほど多額に算定されないのです。

原則は半分ずつ

財産分与

【事例】

新たな生活を始めるにも先立つものはお金。折半と聞いていますが、今の預金の半分では不安。しかし、年金は半分もらえるはず、夫の将来の退職金ももらえるかも。夫名義の自宅はローンが残っていますがそれは夫の物でしょうか？　さて、実際にどの程度の額になるのでしょうか？

この条文

民法 **第768条（財産分与）**

第1項 協議上の離婚をした者の一方は、相手方に対して財産の分与を請求することができる。

財産分与の対象になるもの

離婚の財産上の清算の一つが財産分与です。**精神的苦痛に対する慰謝料ではないので、離婚原因や責任の有無と切り離して考えます。**財産分与の対象は、結婚して共同生活の中で協力して築き上げた財産です。結婚前にそれぞれが取得していた財産や結婚期間中にそれぞれの親から相続した財産は入りません。また、結婚期間中でも別居中（仕事による単身赴任の別居は含みません）に取得した財産は入りません。

資産とみられるものはすべてで、不動産、預貯金などのほか、生命保険、退職時に受領する退職金および年金も、財産分与の対象になります。**名義のいかんを問いません。**専業主婦の場合、結婚後購入した自宅は夫名義にしていることが多いでしょう。

しかし分け方は、原則として平等に折半です。**専業主婦の家事への貢献もきちんと評価し、男女平等の観点から同等に見ます。**

ただし、医師や投資スキルの高い証券トレーダーなど、特殊な努力や能力によって高額な資産を形成した場合には、その特殊な能力等を考慮して、一方の分与の割合が高くなります。

また、妻の経済力が弱く、離婚後に経済的に自立して生活することが見込めない一方で、夫には十分な給与・報酬の収入がある場合には、妻の生活費を補助するために定期金を一定の期間支払うことを約束する「扶養的財産分与」もあります。

次のような資産はどうなるか、一つずつ見ていきましょう。

生命保険

解約返戻金を受け取ることができる保険は、対象となります。

退職金

離婚時以降の将来に受け取る予定の退職金も対象となります。離婚時に退職したと仮定して、その時点で受け取ることができる退職金支給予定額が対象です。

年金

婚姻期間中に支払ってきた厚生年金の分割を請求することができます。

年金分割には、合意分割と3号分割という2つの方法があります。合意分割もできますが、3号分割では厚生年金に加入している会社員の配偶者で年収130万円未満の者（専業主婦等）が年金事務所に請求すれば、平成20年4月1日以降の年金について当然に2分の1に分割されます。簡便です。

これで増額になる年金額の平均は、年額約15万円程度とされています。婚姻期間がそれなりに長い高齢者であれば、これよりも多くなると思いますが、それでも生活の足しになるという程度です。

年金分割の請求期限は、離婚から2年です。

負債・住宅ローンなどのマイナス資産

これも当然、折半になります。自宅を購入して現在の価値よりもローン残高の方が大きいときは、分割して売却しようとしたらローンだけが残り、支払いが大変で、結局、離婚すらあきらめたというケースもよくあります。熟年離婚においても、他人事ではありません。

また、**夫名義の債務を妻が連帯保証していれば、離婚したからといって妻の連帯保証が**

はずれるわけではないのです。

その他の条文

民法 **第768条（財産分与）**

第2項 前項の規定による財産の分与について、当事者間に協議が調わないとき、または協議をすることができないときは、当事者は、家庭裁判所に対して協議に代わる処分を請求することができる。ただし、離婚のときから2年を経過したときは、この限りでない。

第3項 前項の場合には、家庭裁判所は、当事者双方がその協力によって得た財産の額その他一切の事情を考慮して、分与をさせるべきかどうか並びに分与の額および方法を定める。

民法 **第762条（夫婦間における財産の帰属）**

第1項 夫婦の一方が婚姻前から有する財産および婚姻中自己の名で得た財産は、その特有財産（夫婦の一方が単独で有する財産をいう）とする。

第2項 夫婦のいずれに属するか明らかでない財産は、その共有に属するものと推定する。

結婚絡みの詐欺

それは真の愛か？ 後妻業

【事例】

まじめに勤めあげて老境に入った独り身の男性。そこへ甲斐甲斐しく世話をやいてくれる女性が現れました。老い先短いし、この女性となら……と前向きに結婚を考えていたところ、どんどん心身の調子が悪くなり、そのまま一生を終えました。後日、葬儀で親族が集まったところ、その女性が「妻です」と名乗り出てきました……いつのまにか婚姻届が出されていたのです。

このような筋立ての「後妻業」を内容とする小説があり、映画化されましたが、なんと実際にもありました。法律問題として考えてみましょう。

・婚姻届の有効性……女性側は、愛情ある真の結婚生活を送りたいのではなく、男性の財産の相続狙いです。しかし、夫婦としての共同生活関係を作り上げ、双方ともに夫婦として振る舞えば「婚姻の意思がない」とまでは言いきれないでしょう。婚姻届が無効と断定するには、よほどの証拠が必要です。

・妻としての相続……死亡した原因が「妻」による殺人によるもので殺人罪として処罰されれば、相続人の欠格事由（民法第８９１条第１号、第９６５条）に当たり、遺産を受け取ることはできません。

・死亡の原因……女性による殺人があったかどうかです。実例では、女性は「殺害していない」と否認していましたから、状況証拠からの認定となりました。事故死・自殺の可能性を排除したうえで、女性による殺人行為としかみられない、特徴的な犯行手段や類似の事件が複数あるということなどから、殺人罪として有罪になり、死刑が言い渡されました。また後妻「業」というように、実例では、被害者は１人ではなく、周辺には６名以上の不審死があり、他にも数名の男性に対する詐欺・窃盗があったのです。１件だけでは、立証がむずかしかったところです。

これほど計画的なものではなくても、また、殺人という物騒な手段を選ばない場合でも、ある程度の資産を持つ高齢の独身男性には同様の危険があります。女性でも老境に入って寂寥感があるときに、近づいてきた若い男性に貢いでしまって老後資金を吸い取られてしまったという悲劇もあります。

対策……けちでいるくらいがちょうどよい

ある程度の年齢になったら、多額の現金を手元に置かないようにしましょう。気前よくプレゼントするつもりでクレジットカードを貸すのもやめましょう。

あまりにも熱心に接近する人がいるときは、その人の生活状況や結婚歴などをチェックすることも必要かもしれません。遺言を迫られたときは、ぜひ調査しましょう。

判断力が落ちてきた、と自覚したら、裁判所の監督がある後見制度を利用するのも一方法でしょう。

その他の条文

民法 **第891条（相続人の欠格事由）**

次のいずれかに当たる者は相続人になることができない。

第1号　故意に被相続人、または先順位・同順位の推定相続人を死亡させ、または死亡させようとしたために刑に処せられた者

コラム③

熟年再婚で幸せになる

相次いでメディアを賑わせた〝50代の女優さんたちの熟年結婚と再婚〟。お相手はやはり50代・60代ですが、芸能界とは関係のない「一般男性」です。美しい女優さんたちであればこそ、よその世界のことかと思っていたら、なんと私の周辺でも、おかたい公務員が定年退職間際に再婚して海外でのんびりと新婚生活を送っているという話を聞いたばかり。

人生50年時代から、今や１００年時代。何をやるにも「遅すぎる」という言葉は、もはや禁句かもしれません。

逆に、若さゆえ突っ走って結婚に至り、その後離婚に……ということは、統計が明示しています。20代前半の離婚率は約50%……。年齢を重ねるほどに減少し、40代後半は約5%、50代後半は2%弱です。

また、離婚の理由の第1位は　夫婦ともに「性格が合わない」と予想どおりの結果です。ちなみに、第2位は異性関係（夫側）・暴力をふるう（妻側）、第3位が家族や親族と折り合いが悪い（夫側）・異性関係（妻側）です（司法統計「平成30年度 婚姻関係事件数 申立ての動機別申立人別」最高裁判所）。

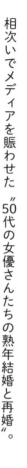

どの年度を見てもこの傾向にほぼ変わりはありません。すなわち、「性格が一致」するかどうかが重要なのです。

さらに年齢を重ねるほどに、異性関係（浮気！）が減少していきます。熟年ともなるといわゆる異性関係のごたごたも雲散霧消していくのでしょう。

もちろん、結婚生活というのはおしどり夫婦に見えても一皮むいたら出てくる出てくる、愚痴、不満などなど。「いつも離婚届を用意していた」というのもよく聞く話です。そのような葛藤を経て、老境に入ってようやく達観というかあきらめの境地に……。

そこで熟年結婚のカップルをよく見てみると、社会経験の賜物でしょうか、外見や肩書きにまどわされることなく、若さの勢いで突っ走るようなこともなく、最も重要な性格をしっかりと見抜いており、なるほどと納得させられるのです。互いのこれまでの生き方を尊重して距離を置いた関係としているケースもみられます。これからの老後を見据え、落ち着いた生活を送るのによき伴侶と感じられれば十分なのでしょう。

ところで、美人ではないが自分にはこれくらいでちょうどいい。甲斐甲斐しく、よく尽くしてくれるし……が木嶋佳苗死刑囚でした。「自分には過ぎた性格よし！」と思っていたらとんだ悪女だったわけですので、「よく尽くす」「甲斐甲斐しい」でごまかされませんように。年をとったら、そんなにサービスをすると疲れます。ほどほどの距離感と空気感。これは、熟年夫婦がたどって行きつく極致、すなわち性格の一致……真の愛情ゆえなのかも？

第6章

未来のための相続と遺産

生前整理

残される人のための整理整頓

「生前整理」とは、自分の死後を考えて「物」や「財産」の整理を行うことです。自分の希望を死後にも確実に叶えるために、また残される家族などの負担を減らすためにも、生前整理は重要です。

最初にすべきは、財産目録を作ることです。そのための書類を揃え、財産の全容を明らかにしておきましょう。

財産の多少に関係ありません。相続人にとって、そのまま相続するか、3カ月以内に家庭裁判所に申し立てる必要のある相続放棄・限定承認するかの判断材料として重要です。

特に、相続税の税務申告が必要なときは必須です。とりわけ、相続税法上の配偶者の特例などの軽減措置を受けたいときは、期限がありますので遅れるわけにはいきません。

本人が作成するのもそれなりに大変ですが、遺族にとってはさらに困難です。専門家に依頼して時間と費用をかける必要が生じるかもしれません。元気なうちに少しずつ進めましょう。

ところで、改正民法によって、自筆証書遺言作成のハードルが劇的に低くなりました。遺言書に添付が必要な財産目録は、パソコンで作成できることになり、簡便になりました。一度作ると訂正も容易ですし、今後の方針も決めやすくなるでしょう。

財産目録の記載内容

すべての財産を書きます。プラス資産預金（有価証券・保険など）だけでなく、マイナス資産（借金・ローンなど）も必要です。添付資料は、原本とともに、できればコピー・写真も作成しておきましょう。

財産の処分・整理の方針

不動産

大きな資産ですが、住んでいない家の売却や住み替えを生前整理の対象として検討しま

財産目録にまとめておくもの

まとめておくもの	添付書類など
身分証明書類	・マイナンバーカード、健康介護保険証、自動車運転免許証、パスポートなど ・戸籍謄本、以前の戸籍関係を示す除籍謄本 ・住民票
相続人一覧	・各続柄、本籍、住所、生年月日、電話番号、メールアドレスなどの連絡先(疎遠な相続人については詳細な情報を)
銀行 証券会社 保険会社	・通帳、証書、カード、暗証番号 ・印鑑 ・取引履歴(ネット上のものは印刷しておく) ・ネット銀行の各パスワード類 ・個人的な担当者への連絡方法
税務申告書類	・最低でも最新7年分
クレジットカード類	・カード、暗証番号、引き落とし口座など ・取引履歴(ネット上のものは印刷)
貸金	・相手先の連絡先、貸付金額、残高、契約書類 ・支払いの履歴がわかる領収書・銀行通帳等 ・支払い状況の詳細(諦めているか、督促中かなど)
借金相手先・借入金額・残高・連絡先・支払い状況(履行状況。滞っているときは対応策)	・契約書類 ・支払いの履歴がわかる送金書類 ・相手方からの領収書類 ・住宅ローンは、死亡により生命保険金の支払いがあって返済の必要がなくなるかなど
健康保険・各種年金	・種類、内容(特に死亡時の遺族への年金、一時金などの支払いに関する手続きに関する内容)
不動産の一覧表(所有物件のほか、貸借物件すべての所在、不動産の種別、地積・床面積、不動産に対する権利の内容)	・登記済証(権利証)、登記簿謄本 ・固定資産税評価証明書、不動産売買契約書、賃貸借契約書等 ・代金・賃料等の支払い関係書類
重要動産(絵画・宝石・貴金属・芸術品・骨董品)	・写真 ・所在(預け先の連絡先) ・取得の際の契約書 ・鑑定書など
貸し金庫	・契約書 ・解錠用の鍵 ・保管中の金品の目録
公共料金(水道、ガス、電気)	・請求書類(最新1年分)

しょう。専門家の意見を聞いたうえで、処分するか、貸家とするか、リバースモーゲージにするかなどを考えましょう。

収益用マンションなどについては「不動産の相続」の項を参照してください。

参考 P.213 ↓ 不動産の相続

宝石や骨董品などの動産

価値を確認したうえで、処分するか残すか、家族や知人の意向を確認しておきましょう。形見分けも検討しましょう。

参考 P.209 ↓ 動産の相続

株

相続時に手間がかかるため事前に家族を含めて相続対策をしておきましょう。売却と保有のどちらがよいかなど、専門家の意見も確認しておくと参考になるでしょう。

デジタル終活とは

情報の整理と断捨離

パソコンのデータには、金融情報だけでなく、これまでの種々雑多な情報が集積しています。電脳空間では、これらの情報が世界に伝播する可能性があり、半永久的に残ります。よい情報だけでなく秘密にしたいものもあるでしょう。余計な情報、外に出るとまずい情報は、早々に「断捨離」しましょう。特に、遺族が困るかもしれない情報かどうかは重要な視点です。

逆に「連絡先」「親族一覧」など、遺族にとってもあると便利な情報は、データ化や印刷をして渡すこともお勧めです。

金融情報についての対応

財産目録やエンディングノートに、各暗証番号・パスワードを書き残しましょう。

それだけではなく、もう一歩踏み込んだ処理をしましょう。

例えば、株式や投資信託など、ネット証券に預けているものは、ある年齢に達したら現金化することです。**老後はできるだけ、さまざまな処理が容易な資産にしておくことがお勧めです。**いざ相続となると、相続人にとって払い戻し等の処理が困難になるおそれがあるからです。

また、複数の株式を保有しており、売却したくない場合は、相続人全員に、同じ証券会社に口座を作っておくことも一つの方法です。口座があれば、相続に際して容易に移管ができます。

誰にどう
残せばいい？

遺産の分け方の基本

遺産とは、亡くなったときにその人が持っていた財産です。預金、株式、不動産など、プラスの財産も遺産ですが、借金などのマイナスの財産も遺産です。

また、亡くなったときにはすでに持っていなかった財産であっても、生前に子どもに渡したマイホーム資金、結婚資金、独立開業資金などは、遺産分割や相続税の計算をする際に「遺産の前渡し」（特別受益）であるとみなされて、遺産としてカウントしなければならない場合（持ち戻し）があります。

この条文

民法　第882条（相続開始の原因）

相続は、死亡によって開始する。

「法定相続人」「法定相続分」「遺留分」とは？

亡くなった後、その人の遺産を受け取る権利があることについて、法律で定められている人を「法定相続人」といい、それぞれがもらえる遺産の割合を「法定相続分」といいます。

自分の遺産を受け取る人やその割合を「法定相続分」のとおりにしたくない場合には、遺言書を書くという方法があります。

ただし、**遺言書を作成する場合には、遺留分に注意しましょう。**遺留分とは、法律で定められた最低限の相続分のことです。妻・子はそれぞれの法定相続分の2分の1を、親は3分の1を遺留分として持っており、**遺言でもこの遺留分は侵害できません。**

養子縁組は法定相続人ではなくなるのか？

他の夫婦の養子になっても、実の親との親子関係がなくなるわけではありません。養親の両親からも実の両親からも、法定相続人として遺産をもらえます。

ただし、特別養子の場合は、実の親子との関係はなくなるため法定相続人とはならず、養親のみの法定相続人となります。

親権を手放した子どもの相続権はどうなるのか？

離婚して元配偶者に子どもの親権がいっても、親子であることには変わりはないので、法定相続人になります。

異母（異父）きょうだいの相続権は？

異母（異父）きょうだいも法定相続人になります。ただし、片親だけ同じ（半血）きょうだいは、両親とも同じ（全血）きょうだいの半分しか法定相続分がありません。

夫婦のうち、夫が死亡し、子どもがいない場合

法定相続人と相続分は、夫の親が生きていれば妻が3分の2、夫の親が3分の1です。しかし、夫の親が生きていなければ、妻が4分の3、夫のきょうだい分が4分の1です。さらに、夫のきょうだいが亡くなっていれば、その子ども（甥、姪に当たる）が法定相続人になります（代襲相続人）。きょうだいや甥や姪に相続させたくないなら、遺言書を作成することをお勧めします。きょうだい、甥・姪には遺留分がないのです。

その他の条文

民法　第887条（子およびその代襲者等の相続権）

第1項　亡くなった人の子どもは、相続人となる。

第2項　子どもが先に亡くなっていた場合等は、孫が相続人となる。

民法　第889条（直系尊属およびきょうだいの相続権）

子どもも孫も、ひ孫もいない場合は親が相続人となり、親が先に亡くなっている場合はきょうだいが相続人となる。

きょうだいも先に亡くなっている場合には、甥や姪が相続人となる。

民法　第890条（配偶者の相続権）

配偶者は、常に相続人となる。

民法　第900条（法定相続分）

第1号　子どもと配偶者が相続人であるときは、法定相続分は2分の1ずつである。

第2号　配偶者と両親や祖父母が相続人であるときは、法定相続分は配偶者が3分の2、両親や祖父母が3分の1である。

第3号　配偶者ときょうだいが相続人であるときは、法定相続分は配偶者が4分の3、きょうだいが4分の1である。

第4号　同じ身分関係の相続人が複数いる場合は、均等割りとなる。ただし、片親のみ同じきょうだいの相続分は、両親とも同じきょうだいの2分の1である。

民法　第901条（代襲相続人の相続分）

第887条や第889条によって孫や甥や姪が相続人になる場合は、それぞれの親が本来受けるべきだった法定相続分のとおりとなる。

※相続放棄と相続の欠格事由、廃除には代襲相続の扱いが違います。

民法　**第1042条（遺留分の帰属およびその割合）**

第1項　きょうだい以外の相続人は、遺留分として、次のとおりの割合に相当する額を受ける。

第1号　直系尊属のみが相続人である場合　被相続人の財産の3の1

第2号　前号以外の妻・子（孫）が相続人の場合　被相続人の財産の2分の1

相続に及ぼす影響は？

養子縁組

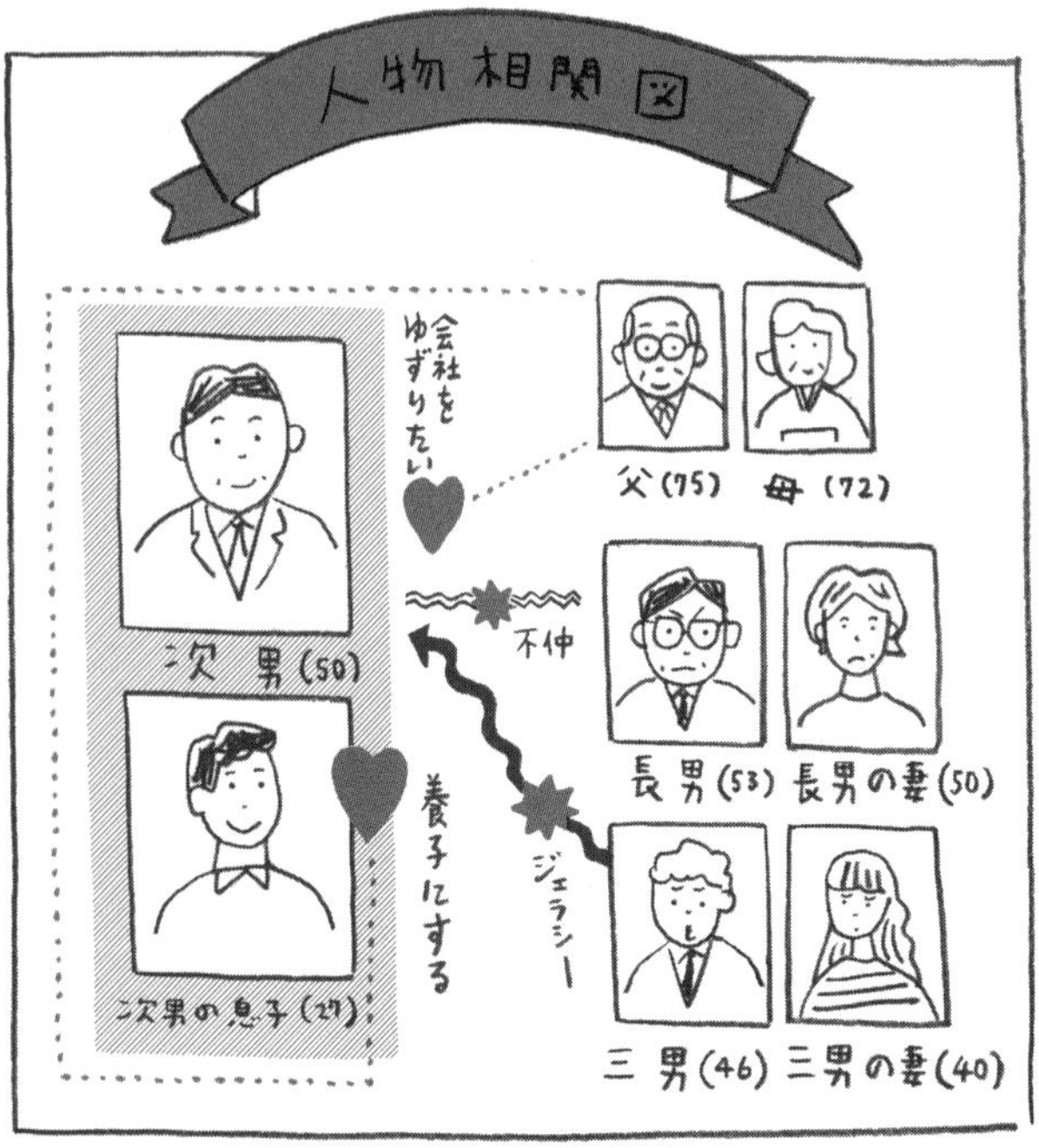

【事例】

3人の息子がいる経営者。後継者として次男とその子どもの系統に継がせたいと考え、次男の子どもを養子にすることにしました。しかし、長男や三男にとってはおもしろくありません。具体的にどう変わるのでしょうか？

【ワンポイント】

養子縁組は事業の承継にはメリットがあるのですが、一方、長男や三男の相続分や遺留分が減少します。そのために遺言など対策を取っておきましょう。

養子にできない人

この事例は、いわゆる孫養子のケースです。養子には、できる人とできない人がいます。養子にできないのはまず、①年長者、②叔父・叔母などの尊属です。②の尊属の場合は、年下でもなれません。我が国の伝統として、目上の者を養子にすることはできないのです。

相続分・遺留分の変化

この事例では子どもが1人増えますから、子ども1人当たりの取り分が減ります。きょうだい3人で分けていたのが、きょうだい4人で分けることになります。

法定相続分はこのように減少しますが、遺言を作成して、遺留分を害さない限度で法定相続分とは異なったメリハリをつけることも検討しておきましょう（例：長男3割・次男2割・三男3割・養子2割　など）。

もちろん、次男の事業承継のために、次男の取り分をより多くすることも選択肢となります（例：長男2割・次男4割・三男2割・養子2割　など）。この場合は、事業承継のために必要であると、きょうだいが納得するように、父親が生前から説明しておくことが望まれます。

養子縁組をする場合、実子等との間で、利害や感情の問題が生じがちです。それぞれに譲る金額を遺言で明確にしておくことは、トラブル防止・抑制のために必須といえるでしょう。またその理由も、日頃から言っておくか、遺言の付言事項やエンディングノートに明記することが望ましいでしょう。

相続税の基礎控除が増える

相続税の基礎控除額は、法定相続人の人数が多いほど高額になります（法定相続人1人当たり600万円）。その結果、相続税の金額が少なくなります。もっとも養子の場合は、相続税の基礎控除額の算定において制限があります。実子のいない被相続人であれば養子は2人までですが、このケースのように、実子のいる被相続人であれば養子は1人までです。600万円の基礎控除が増えますから、節税につながります。

なお、次男の相続の段階では、次男の子どもが祖父（養親）の資産の一部をすでに相続していいます。そのため次男から次男の子どもへの二次相続においては、その分、相続税負担が軽くなります。さらに、次男からその子どもへの事業承継の道筋をつけることにもなります。

【事例】
父の葬儀。そこへ父の世話をしていて入り浸っていた人が「自分は養子になっている」と名乗り出てきました。自分たちきょうだいと同じ立場で法定相続人となるのでしょうか？　確かに養子縁組の届け出がされていましたが、その頃父は認知症で判断できなかったのではないかと思います。

対応策……養子縁組無効調停等の裁判を申し立てる

養子縁組の届け出書に押す印鑑は、実印でなくてもかまいません。養子縁組届け出書が整っていれば、養親本人が提出に行かなくても受理されてしまいます。受理されれば、法的に養子縁組は成立します。

この場合は、「父は認知症だったので、養子縁組の意思がなかった」として、「養子縁組は無効である」という裁判をすることが考えられます。家庭裁判所に、まずは調停を申し立てます。証拠として、届け出当時、認知症で養子縁組の意味すらわからなかったなどの、医師の診断が必要となるでしょう。署名も父の自筆かどうか、別の文書の直筆署名部分を探して照合しておきましょう。

しかし、後からの対応は時間も手間も必要で、思うような結果が得られないことも覚悟しておきましょう。

予防策……養子縁組不受理の申し出をする

届け出がされてしまった後で争うのは大変です。事前に予防策を取っておきましょう。家に入り浸っている不審な人がいる場合、勝手に届け出をされないように、あらかじめ養子縁組の届け出意思がないことを証明する「不受理申出制度」が利用できます。この制度は養子縁組のほか、婚姻・離婚・養子離縁・認知の各届け出においても同じく有効です。

この不受理申出書は、本人が出頭して市区町村の戸籍担当窓口に提出する必要があります。親族などが代わって出頭してもできません。なお入院中などで出頭できない場合は担当窓口に相談しましょう。郵送では受け付けられません。

一度提出すると有効期限はありません。また不要になったと思ったら、いつでも不受理申出を取り下げることができます。そのときも、本人の出頭が必要です。

なお、認知症などで判断能力が落ちているときにこの申し出をしたい場合は、医師の診断を受けて、不受理申出の意思についての判断能力があると証明できるように準備しておくことが大切でしょう。

養子縁組は慎重に

認知症で引きこもり、孤独感が募ると、「目の前の人に気に入られたい」「ずっといてほしい」「強く勧められると逆らいにくい」などの状況に陥りがちです。「相続税が軽減される」「介護や世話をずっとできる」などと言われるとそのまま信じ込み、法的な意味や経済的効果、また、周囲の関係者の考えや感情などを顧慮せずに、署名に応じてしまうことが往々にしてあるのです。

自分の親など高齢者の周りに不自然な近づき方をしている人物がいないか、注意が必要です。

その他の条文

民法　第802条（養子縁組の無効）

養子縁組は、次に掲げる場合に限って無効となる。

第1項　人違いその他の事由によって当事者間に縁組をする意思がないとき。

第2項　当事者が縁組の届け出をしないとき。ただし、単なる方式違反があるだけである場合を除く。

贈与の基本

贈与はもっともありふれた契約です。好意によって贈るものですから、口約束の場合は、実際に渡すまでに気が変わったということで取り消しや撤回が簡単にできます。

この条文

民法　第549条（贈与）

贈与は、当事者の一方が自己の財産を無償で相手方に与える意思を表示し、相手方が受諾をすることによって、その効力を生ずる。

書類で契約しておくメリット

贈与は口約束での契約もできますが、契約書面を作成しておくと、さまざまなメリットがあります。

贈与であることの税務署への説明資料・税務対策に

銀行口座への入金が売買代金の支払い、借金の返済、賃料の支払いなどの場合は、利益が少額であっても原則として課税対象となります。それが110万円までの非課税枠の贈与の場合は、税務対策上、贈与であるとの説明が必要です。後日、疑念が生じないように、書面で明確にしておくメリットがあります。

金銭の動きについての説明資料に

亡くなった人の預貯金口座の取引履歴に特定の人への多額の振り込みや、不審な現金の引き出しがあると、「勝手に取った、横領した」と疑われるおそれがあります。後日、説明できるように、贈与契約書を証明のため保管しておきましょう。

贈与の約束の撤回の防止に

書面によらない単なる口約束だけの贈与は、実際に金銭をやり取りするまではいつでも撤回することができます。贈与する人の気持ちを尊重しているためですが、贈与を受ける予定の人にとっては、そのつもりで行動しているはずで、不意の撤回は困るでしょう。その防止のためにも、贈与契約書を作って確定しておきましょう。

その他の条文

民法 **第550条（書面によらない贈与の解除）**
書面によらない贈与は、各当事者が撤回することができる。ただし、履行の終わった部分については、この限りでない。

さまざまな贈与

贈与と一口に言っても、いろんなかたちがあります。図らずも贈与税がかかってしまったなどと困らないように、贈与税と贈与の基本を知っておきましょう。

金銭の贈与

「現金を渡すこと」による贈与です。小遣いやお祝い金を渡すこともこれに含まれます。**贈与を受ける1人につき、年間110万円までなら基礎控除の範囲内**となり、非課税で、申告などは不要です。

ただし、前述のとおり、相続の段階で税務署から「貸し付け」との否認がされないように、贈与契約書を作成しておきましょう。

なお、給食費などの食費、塾などの教育関係費、入院費などの**生活に必要な費用を祖父母・親・子などの親族間で負担することは、親族間の「扶養義務」の履行とされますので贈与税を意識する必要はありません。**もっとも、日常的な生活費を超えた、すなわち、扶養義務を超える趣旨や多額の場合は、「特別受益」となるので要注意です。

定期贈与

一定期間に一定額の贈与をすることを「定期贈与」といいます。例えば、毎年子どもの誕生日に100万円ずつ10年間、合計1千万円を贈与するなどです。

たまたま毎年同じ時期に同じ金額を贈与するという「連年贈与（暦年贈与）」とは違い、期間と総額の決まっている定期贈与については、1年間当たりの贈与額が110万円の基礎控除の範囲内であっても、全期間の合計額について初年度に贈与税の課税対象とされてしまうので注意が必要です。

逆に連年贈与の場合、定期贈与と認定されないように、「今回、特別にこの金額を贈与する」との個別の契約書を、そのたびに作成しておくのも一方法です。

その他の条文

民法　第552条（定期贈与）

定期の給付を目的とする贈与は、贈与者、または受贈者の死亡によって、その効力を失う。

負担付き贈与

贈与を受ける人が、その代わりに一定の債務を負担することを「負担付き贈与」といいます。例えば「長男が母親から土地建物の贈与を受ける代わりに、その土地建物の一部を母親の経営する美容室として無償で使わせる」などがこれに当たります。

この負担については、きちんと履行されるか、監視や監督が必要な場合が多いので、信頼できる人にその点を依頼するのも一方法でしょう。

その他の条文

民法 **第553条（負担付き贈与）**

負担付き贈与については、この節に定めるもののほか、その性質に反しない限り、双務契約（※お互いに債務を負担する契約）に関する規定を準用する。

死因贈与

「贈与する人が死亡すること」を効力発生の条件として生前に交わす贈与契約を「死因贈与」といいます。贈与する人と受ける人との間の契約ですので、当事者の一方が勝手に撤回したり変更したりすることはできません。

死因贈与の場合には、相手方が法定相続人でも第三者でも、贈与税ではなく相続税がかかります。

その他の条文

民法　第554条（死因贈与）

贈与者の死亡によって効力を生ずる贈与については、その性質に反しない限り、遺贈に関する規定を準用する。

遺贈

遺言書によって特定の人に財産を与えることを「遺贈」といいます。死因贈与と違い、遺言者一人の意思で決められるものなので、新たに遺言を書き換えることによって、撤回したり変更したりできます。遺言は新しい日付のものが優先するからです。

「財産の○分の1を甥に与える」など、与える財産の割合と相手を指定するものを「包括遺贈」といい、「○○にあるマンションを孫に与える」など、与える財産と相手を指定するものを「特定遺贈」といいます。いずれの遺贈も相続税の対象です。

うっかりすると大変

相続と贈与にかかる税金

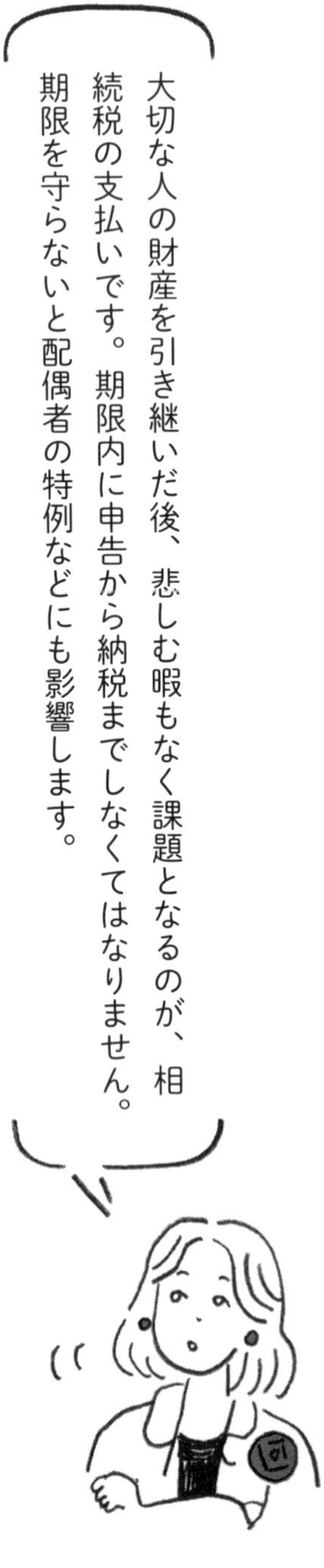
大切な人の財産を引き継いだ後、悲しむ暇もなく課題となるのが、相続税の支払いです。期限内に申告から納税までしなくてはなりません。期限を守らないと配偶者の特例などにも影響します。

この条文

相続税法　**第27条（相続税の申告書）〈抜粋〉**

第1項　相続または遺贈により取得した財産の合計額が基礎控除額を超える場合において、相続税額があるときは、その相続の開始があったことを知った日の翌日から10カ月以内に課税価格、相続税額その他財務省令で定める事項を記載した申告書を納税地の所轄税務署長に提出しなければならない。

相続税の申告と納税の手続き

相続税の申告期限は、被相続人が死亡したことを知った日の翌日から10カ月以内となっています。

税務署、金融機関、郵便局の窓口で、申告書の提出と納税の両方を期日までに完了しなくてはなりません。

例えば、6月10日に亡くなった場合は、翌年の4月10日が申告期限となります。ただし、申告期限が土日・祭日の場合は、翌日が期限となります。

10カ月というのはトラブル・紛争があれば、あっという間です。

相続税の申告の第一歩は、相続された財産の全容の把握です。生前から本人が整理しておくことの必要性を痛感するときです。遺言があれば、それに従って分割できますが、その遺言も遺留分を侵害していれば、紛争の種となります。その点も留意した遺言書であれば、遺産の分割もスムーズです。

相続税の支払いに必要な現金の確保もできていれば万全でしょう。

納税方法

現金一括が原則です。

「延納」「物納」は事前に税務署へ申告する必要がありますが、簡単には認められませんので、準備は怠りなくしておきましょう。

相続税の基礎控除

相続税にも基礎控除があり、令和2年8月現在、「3千万円+（相続人の人数×600万円）」とされています。相続財産の額が基礎控除よりも少ない場合は、相続税の対象にならず申告も納税も不要です。

ただし、税制は改正でたびたび変わります。最近では、平成27年に、相続税の基礎控除額が引き下げられて相続税の支払い対象者が増加しました。今後も相続税は、増税の方向とみられます。

配偶者の特例

「配偶者の税額の軽減」という特例があります。1億6千万円、または法定相続分のいずれか高い方の金額までは相続税がかかりません。この特例が適用されるには、申告期限内にきちんと手続きをすることが重要です。

ただし分割協議が遅れる場合は、申告書に「申告期限後3年以内の分割見込み書」を添付すれば適用対象となります。さらに遅れるときは、「やむを得ない事情があるとして、税務署長の承認」を受けられれば、「やむを得ない事情」が解決してから4カ月以内に分割と納税を済ませることで、この適用対象となります。しかしこのような救済措置を受ける必要がないように、分割について速やかで円満な解決が図れることが望まれます。

贈与税

贈与税は、贈与者が亡くなったその年の1月1日から12月31日までの1年間に贈与された財産の金額の合計で計算します。

１１０万円が基礎控除額で、１年間に贈与された金額がそれ以下の場合は、贈与税は課されません。

意思を伝える

相続対策としての遺言

遺言を作成しやすいように、民法が改正されました。しかし、遺言としての法的な効力が生じるのは、民法で定められている方式にそって法律に記載された事柄、主として財産に関する事項だけです。

この条文

民法　**第９６０条（遺言の方式）**

遺言は、この法律に定める方式に従わなければ、することができない。

遺言の方式の種類

普通方式　自筆証書遺言

財産目録以外の全文を遺言者が自ら手書きし、署名押印する方式の遺言書です。

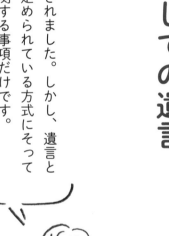

証人に立ち会ってもらう必要はありませんが、亡くなった後に相続人等が家庭裁判所でその自筆証書遺言の「検認手続き」を申し立てなければなりません。

この財産目録については、パソコンの使用ができます。一度作成しておくと訂正も容易です。

普通方式　公正証書遺言

証人2名以上の立ち会いのもと、公証役場所属の公証人が遺言者から聞き取った内容を遺言者の代わりに書く方式の遺言書です。家庭裁判所での検認手続きの必要はありません。

特別方式　死の危険が差し迫ったときの危急時遺言

証人3名以上の立ち会いのもと、そのうち1名が危篤状態の遺言者から聞き取った内容を遺言者の代わりに書く方式の遺言書です。書記役の証人は作成から20日以内に家庭裁判所でその遺言の確認の審判を申し立てる必要があります。

遺言のメリットなど

自筆証書遺言

民法の改正により自筆証書遺言の作成がより簡単になりました。

自筆証書遺言には、次のメリットがあります。

・費用がかからない
・誰にも知られずに一人で書くことができる
・何度でも書き直しができる。新旧で矛盾する場合は、日付の新しいものが優先する
・法務局に保管してもらうことができる
・財産目録は、手書きだけでなく、パソコンでも作成できる

公正証書遺言

一方、公正証書遺言は、法律の専門家である公証人が聞き取ったうえで作成され、その後、保管もされます。署名のみ自分でしますが、書けないときは公証人が代筆してくれます。

公証人の手数料は遺産の金額によりますが数万円かかります。例えば、遺産の金額が、3千万円を超え5千万円までなら2万9千円、5千万円を超え1億円までなら4万3千円など、金額の増加に従って、手数料も高くなります。

また、公証人に出張してもらうこともできます。その場合は公証人手数料が50％加算されるほか、公証人の日当2万円や交通費がかかります。

遺言書を作った方がよい人とは？

遺産分割をスムーズに進めるために、また相続を「争続」にしないためにも、遺言が「決め手」になるのは次のようなケースです。**生前に準備して遺言を作成することは、愛情であり、責任でもあり、必須です。**

・再婚しており、前配偶者との間にも子どもがいる人
・子どものいない人
・子ども同士の仲が悪い人
・特定の法定相続人に特定の遺産をあげたい人
・法定相続人の中に遺産を多くあげたい人と、あまりあげたくない人が交ざっている人
・自分の面倒を見てくれた子どもとそうでない子どもがいる人
・法定相続人以外の人にも遺産をあげたいと考えている人
・不動産をいくつも持っている人

紛争の種になる遺言の付言事項とは？

付言事項には感謝の言葉を書きましょう。また、自宅などを相続させる理由には、具体

的で納得感があることを書きましょう。
恨み、しこり、えこひいきは紛争の種です。絶対に避けましょう。他にも、次のようなものは避けた方がよいでしょう。

×感情的で思い入れが強すぎるもの
「子どものときからかわいくてしかたがなかった」「学業も優秀で常に心の中で自慢に思っていた」など。
×人格的な非難
「結婚もせず自由気ままだった」「仕事も長続きせず、はらはらさせられ、借金の尻拭いばかりさせられた」など。
×比較する
「○子に比べて△子は、あまり家のために尽くしてくれなかった」「一族・家族は皆、地元の一流大学に入ったのに、□男だけは……」など。
×細かすぎる指示で命令口調のもの
相続させる財産の使用方法、お墓や法事の在り方など。負担感が大きく嫌がられます。
×遺言による隠し子の認知
遺言での発覚は遺族に衝撃を与えます。「隠していてすまなかった」などの詫びの言葉があっても修羅場、愁嘆場です。

話し合いか
調停か

遺言書がない場合

「うちは、取り合うほどの遺産がないからもめない」……本当でしょうか？

最高裁判所の司法統計（平成30年）によれば、遺産分割調停・審判事件のうち遺産総額が１千万円以下のケースが33％を占めており、５千万円以下のケースを含めると76・３％に上ります。たとえ遺産は少額であっても、紛争の種になり得るのです。

この条文

民法　**第９０７条（遺産の分割の協議、または審判等）**

第１項　共同相続人は、次条の規定により被相続人が遺言で禁じた場合を除き、いつでも、その協議で、遺産の全部、または一部の分割をすることができる。

亡くなった人が遺言書を書き残していればそれが優先されますが、なければ法定相続人全員で話し合って遺産の分け方を決めなくてはなりません。「遺産分割」の協議といいます。

親が亡くなると求心力がなくなります。自分の配偶者の意向や老後の生活不安などのさまざまな要素が絡むと、それまで仲がよかったはずのきょうだい間でボタンの掛け違えが起こってしまうこともあるのです。

なお、「すでに遺産分割協議書を作ってあり、全員に一筆もらっている」という場合でも、亡くなる前の相続人同士で交わした合意書には遺産分割の合意としての法的効力はありませんので注意してください。

実際の進め方

相続人同士での話し合い

遺産の範囲を明らかにしたうえで、誰が何をもらうかを具体的に決めます。**全員が納得していれば、必ずしも法定相続分や遺留分にこだわる必要はありません。**とはいえ配慮は必要でしょう。

遺産分割協議書の作成

決まったら、全遺産について記載された遺産分割協議書を1通作ります。あるいは、あらかじめ個々の遺産である預貯金や不動産の相続手続きに必要な書類を金融機関や司法書士から取り寄せておいて、その場でそれぞれの書類に署名押印を済ませてもよいでしょう。それぞれにつき一定期間内に発行された各相続人の印鑑証明書と実印の押印が必要です。

弁護士を代理人に立てた協議

相続人同士では話し合いがつかない場合、弁護士を代理人に立てて協議をすることも考えられます。

弁護士は全員の間に立って公平に仲裁をしてくれるわけではなく、自分の依頼者である相続人の味方として行動します。2人以上の相続人が1人の弁護士に頼む場合には、依頼者同士の利益相反が生じるおそれがあるので、そのような段階になったときの処理法を確認しておきましょう。意外なところから、利益相反の状況が噴出することもありますので、それでもかまわないか、途中交替やそのデメリットがあることなども想定しておきましょう。

また、弁護士に対しては遺産分割協議書の調印をもって業務終了なのか、その後の相続手続きまで委任範囲に含まれているかについても確認が必要です。

家庭裁判所への申し立て

協議を重ねてもまとまらない場合、家庭裁判所に遺産分割調停を申し立てることが考えられます。

申し立てをした相続人以外の相続人全員を相手方とすることになります。弁護士をつけるケースが多いですが、自分一人で対応していくこともできます。

調停では、通常、男女1名ずつの調停委員が当事者の話を個別に聞いて意見の調整を行い、合意に至れば裁判所が調停調書を作成します。この調停調書を用いて、各自で相続手続きをすることができます。

調停で合意に至らない場合は、自動的に審判手続きに移行し、最終的には裁判官が遺産分割方法を決めますが、その結論に不服のある人は高等裁判所に「抗告」という不服申し立てをすることができます。

お金以外の資産の残し方

動産の相続

遺産となる財産は、お金や不動産ばかりではありません。貴金属、美術品、写真、趣味の作品、自動車、ペット、家財道具など、動産の相続についても考えておきましょう。

動産のよくある争い……「あった」・「なかった」

金塊、宝石、ブランド物の時計など、高価な動産は、いつのまにか誰かが持って行ってしまい、「あったはず」「いや、なかった」の争いに発展することもあります。

その防止のために、**高価な物については、元気なうちに財産目録を作って保管場所も記入しておきましょう。**貸金庫に保管することも一つの方法です。

なお、相続の際に、自宅内の金庫や金融機関の貸金庫を開扉するときは、相続人全員（またはその代理人）の立ち会いのもとで行いましょう。

参考 P.175 ↓財産目録の記載内容

価値を鑑定してもらう

宝石や美術品については、複数の鑑定業者に見てもらい、適正な評価額を出し、家財道具レベルの物なのか、あるいは相続税申告や遺産分割の対象となるべき財産的価値のある物なのかを見定めましょう。

形見分けをしておく

生前に周りの人に形見分けをしておくことをお勧めします。その価値によっては、特別受益になることもあるので、財産目録に記載しておくのが紛争の予防になります。

衣類・日用品・家財道具

衣類、日用品、家財道具なども厳密にいえば法的には遺産に含まれますが、相続税申告のときには「家財道具一式10万円」などと記載されたりします。

持ち主が亡くなると、いずれ自宅の取り壊しや売却等の際に廃棄処分になります。遠隔地に住むなどの理由で相続人が対処できないと、遺品整理業者に依頼することになり、多量だと処理費用もばかになりません。なお、業者選定に際しては、現金を見つけたら報告してくれるか、転売可能な物について買い取りをしてくれるかなどを確認しておきましょう。

「子どもの一人が故人の思い出の品々を捨てることに反対したばかりに、誰も手をつけられず、空き家化の原因となっている」という例もあります。

ペット

ペットは法的には動産の一種なのですが、家族同様かそれ以上にペットが大切という人も少なくありません。飼い主の亡き後にペットの世話をしてくれる人を確保するためには、次のような方法があります。

ペット用の施設の利用

生前に、飼い主が自分の力でペットの世話ができなくなったときに申し込みをして、ペットが亡くなるまで預けることが考えられます。

民事信託

民事信託の仕組みを使い、ペットと飼育費用相当の財産を信託財産として、飼育業者にペットの飼育を信託することも考えられます。

「遺言書による負担付き遺贈」または「負担付き死因贈与契約」

例えば、遺贈または死因贈与の対象としてペットそのものと飼育費用相当の財産とし、これにペットの飼育を負担内容として付けるのです。

「負担付き死因贈与」は契約ですので、相手の承諾を得なければなりません。また、「負担付き遺贈」は本来遺言者が一方的にするものですが、ペットの飼育という負担を付ける場合には、必ず事前に相手に話して承諾を得ておきましょう。

例として、「A氏は私の愛犬Bを終生かわいがることを約したことにより飼育代、治療費等の必要経費として○○円をA氏に贈与する」などの遺言を書けばよいのです。

またそれを実行するために、遺言執行者または死因贈与執行者になってくれるよう事前にお願いしておき、その氏名を遺言などに記載しておきましょう。

位牌・遺骨

仏壇や位牌は「祭祀財産」と呼ばれ、誰が承継するかにつき争いがある場合には、遺産分割とは別枠で家庭裁判所に「祭祀承継者指定」の調停や審判を申し立てることになります。

遺骨も法的には「祭祀財産」に含まれると考えられており、例えば若くして亡くなった人の遺骨を配偶者が引き取るのか実家の両親が引き取るのかなどをめぐって、家庭裁判所で争われるケースもみられます。

土地を未来へ

不動産の相続

不動産は一つとして同じものはなく、それぞれに個性があります。相続する財産の中に不動産が交ざっているときの問題とは？

必要な手順

①不動産登記簿の取得

不動産登記簿は、戸籍謄本と違って誰でも取得できます。法務局に取りに行くか、郵送かオンラインで請求するとよいでしょう。なお、住居表示と不動産登記簿上の所在地の記載は違うので、直近に送られてきた固定資産税の課税明細を見て地番等を確認しておきましょう。

②不動産の評価

不動産は「一物4価」といわれ、さまざまな価格算定方法がありますが、裁判所で用いられる価格は、「時価」です。

時価評価については、付近の不動産業者の無料査定によるものが最も手軽でしょう。無料査定を依頼する際には、自分の置かれた立場や希望に応じて、その不動産が高い方が望ましいか、あるいは安い方が望ましいかをよく見極め、依頼の趣旨・目的を不動産業者に伝え、自分側に有利な結論を出してもらうのが通常であり現実です。

しかし裁判となると、裁判所の依頼した不動産鑑定士による鑑定となり、高額の鑑定費用がかかります。それよりは中間的な評価額で妥協した方が合理的である場合もあります。


なお、相続税の算定基礎として用いられるのは路線価（相続税路線価）です。路線価がない土地については、固定資産税評価額に国税庁が定めた倍率を乗じる倍率方式で価格評価がなされ、通常、公示価格の80％程度の価格です。公示価格（公示地価）とは、国交省のガイドラインによる価格（毎年1月1日時の価格）のことです。

ちなみに、固定資産評価額とは、公示価格の70％程度であり、3年ごとに見直しがなされます。裁判所で印紙代の算定をする際などにも用いられます。

③不動産の分割方法を検討する

相続人である自分自身の希望を整理しましょう。主に、次のような選択肢が考えられます。

・現物で取得したい
・現物はいらないので代償金が欲しい
・土地を分割して取得したい
・第三者に売却して代金を分けたい
・他の相続人との共有でよい

話し合いがまとまらない場合には、家庭裁判所での調停や審判を申し立てることが必要になりますが、最終的な審判手続きで裁判官が判断する場合には、以下のような要素が考慮されます。なお、これに不服な場合は、高等裁判所に「抗告」することができます。

・誰が取得を希望しているか
・誰が実際に使用しているか
・取得希望者の生活状況・資力
・当事者の感情的対立の有無
・不動産所在地や経済的価値の維持等
・調停での話し合いの経緯

賃貸マンション・貸し家などの相続の留意点

収益物件としての賃貸マンション・アパートについては、収益の分配とともに、ローンがある場合は、そのことも考慮する必要が出てきます。

また、収益をあげるためには、経営感覚も必要です。不動産業者に管理の一切を任せて収益だけを分配すればよいのか、他者に管理を任せると多額の手数料を差し引かれるので、自ら管理をするかで、管理作業の手間と収益性とが大きく違ってきます。

人口減少時期に入ると、空き室の問題も生じます。空室率を減少させるために、改装費用をかけるかどうかなど、経営方針に関わる問題もあります。

この賃料収入をきょうだいで分配するために共有すると、このような経営面での衝突が懸念されます。

親としては、生前に今後の方針を定めておくのが望ましいでしょう。ローン残高が大きく、管理費・ランニングコストなどがかかるうえ、今後、収益が見込めない物件なら、思い切って売却して損切りするなど、その負担を子どもにかけない、「争続」になる芽をつんでおく、という選択肢も考えておきましょう。

なお、家業としての事業用不動産（事務所、工場など）については、事業承継の見地から別途の検討が必要です。

自宅に住み続けたい

配偶者の居住権の保護

令和2年4月1日から施行された民法改正によって「配偶者居住権」「配偶者短期居住権」という権利が新たに設けられました。

価値の大きい「所有権」ではなく「居住権（使用権）」なので、財産的に低い評価となる一方、他の金融資産などが取得できますから、相続による妻の地位が安定的になりました。

この条文

民法　**第1028条（配偶者居住権）**

亡くなった人の配偶者が相続開始のときに遺産の建物に居住していた場合、次のいずれかに該当するときは、その建物を無償で使用収益をする権利を取得する。

第1号　遺産分割によって配偶者居住権を取得したとき

第2号　遺言によって配偶者居住権を取得したとき

配偶者居住権

改正前、夫を亡くした妻が自宅に住み続けるには、遺言や遺産分割によって妻がその「所有権」を取得する必要がありました。その不動産の価値が高くて遺産の大半を占めている場合は、他の法定相続人の相続分や遺留分すら侵害するおそれがあり、妻は他の相続人に代償金や遺留分侵害額を支払ったりしなければなりませんでした。老後資金に不足することもあり得たのです。

民法が改正され、妻は遺産分割または遺言によって、その建物を無償で使用収益をする新しい権利「配偶者居住権」を取得することができるようになりました。これは、「使用権」であって、「所有権」よりも評価額が低いため、前のような不都合を避けることができます。原則として亡くなるまでの終身の権利です。

配偶者居住権の注意点

この法律では、配偶者以外の家族（内縁の妻など）への類推適用はありません。

また、その建物が被相続人と配偶者以外の人との共有物件であった場合、配偶者居住権は発生しません。

配偶者居住権は登記が必要です。登記をしていないと、事情を知らない買い主に主張できず、退去せざるを得ません。

なお、配偶者居住権を取得した後、病院や施設などに入所してその建物に住まなくなる場合に備えて、遺言か遺産分割の際に取り決めをしておくことが望ましいでしょう。建物所有者の承諾を得て妻が第三者に居住建物を貸すとするか、建物所有者に配偶者居住権を事実上買い取ってもらうことなどが考えられます。

退去時の猶予

退去する場合でも、以下の条文のとおり、一時的に6カ月、退去を猶予される権利です。

その他の条文

民法　第1037条（配偶者短期居住権）

第1項　亡くなった人の配偶者が相続開始のときに遺産に属する建物に居住していた場合、配偶者は、その建物の取得者に対し、次のとおり一定期間無償で使用する権利がある。

第1号　居住建物について遺産分割をする場合：

居住建物についての「遺産分割のとき」、または「相続開始のときから6カ月」のいずれか遅い日第2号　遺言書で居住建物の取得者が決められている場合：居住建物の取得者から配偶者短期居住権消滅の申し入れがあった日から6カ月

その他の配偶者保護のための方策

夫が妻に居住用不動産を生前贈与した場合、遺産分割や遺留分侵害額の算定の際に特別受益として遺産の中に持ち戻すのが原則です。しかし、令和元年7月1日施行の民法改正によって、結婚して20年以上経つ夫婦間で居住用不動産を贈与したケースについては、特別受益として扱わず、持ち戻さなくてよいことになりました。この場合、贈与税も贈与額2千万円まで非課税とされています。

相続の落とし穴①

特別受益の持ち戻しと免除

【事例】

次男をぜひ医師にと思い、他のきょうだいとは違って、破格の学費や開業資金を注ぎ込みました。いざ相続となると、おさまらないのは他のきょうだいたち。これまで次男にかけた費用もすべて遺産に算入して分割すべきと大揉めです。何十年も前のことなのですが……。

この条文

民法　**第903条（特別受益者の相続分）**

第1項　共同相続人中に、被相続人から、遺贈を受け、または婚姻、もしくは養子縁組のため、もしくは生計の資本として贈与を受けた者があるときは、被相続人が相続開始のときにおいて有した財産の価額にその贈与の価額を加えたものを相続財産とみなし、第900条から第902条までの規定により算定した相続分の中からその遺贈、または贈与の価額を控除した残額をもってその者の相続分とする。

第3項　被相続人が前2項の規定と異なった意思を表示したときは、その意思に従う。

第4項　婚姻期間が20年以上の夫婦の一方である被相続人が、他の一方に対し、その居住の用に供する建物、またはその敷地について遺贈、または贈与をしたときは、当該被相続人は、その遺贈、または贈与について第1項の規定を適用しない旨の意思を表示したものと推定する。

この条文

改正民法　**第1044条（特別受益の算定期間）**

第1項　贈与は、相続開始前の1年間にしたものに限り、前条の規定によりその価額を算入する。当事者双方が遺留分権利者に損害を加えることを知って贈与をしたときは、1年前の日より前にしたものについても、同様とする。

第3項　相続人に対する贈与についての第1項の規定の適用については、同項中「1年」

とあるのは「10年」と、「価額」とあるのは「価額（婚姻、もしくは養子縁組のため、または生計の資本として受けた贈与の価額に限る）」とする。

相続には思わぬ落とし穴があり、トラブルの種があります。それが「特別受益」と「寄与分」です。

特別受益とは

特別受益とは、一部の相続人が、亡くなった人から生前、「マイホーム資金・結婚祝い（支度金）・開業資金」などの名目でまとまった金額、すなわち、「生計を立てていくうえでの資本」といえるような、多額の利益を受けたものをいいます。

結婚祝い（支度金）は今後の生活の資本といえますし、婚礼家具も同様なので特別受益になります。その際挙式費用については、二人のためではありますが、同時に親や親族も関係するので、特別受益には含まれません。

特別受益に含まれないもの

普段の生活費や小遣いなど、親族間の扶養義務の範囲内の援助といえるような額の金銭のやり取りは、特別受益に含まれません。誕生日のプレゼント、成人式や入学式の礼服・着物なども、よほど高価な品か、多額にならない限り、社会慣習上の贈り物です。

よく問題となる例について説明しましょう。

学費

例えば、「長男だけ4年制の大学に進学させ、弟や妹は高校までしか進学させなかった」というように、きょうだい間で格差がある場合などには、大学の学費相当額が特別受益に含まれるとされる場合があります。

きょうだいのうち一人だけ特別に海外留学した場合や、何年か浪人して私立医学部に行かせるなど、高額の学費を出した場合もこれに当たる場合があるでしょう。

生命保険金

生命保険金は税務上、遺産として相続税の課税対象となりますが、民法上は受取人固有の財産であり、遺産には含まれないとするのが原則です。

ただし、一部の相続人だけが遺産総額と比較して、相当高額な生命保険金を受け取ったという場合には、例外的に特別受益に含まれる場合があります。

一概には言えませんが、判例法理によれば、「遺産総額に対する生命保険金の比率、各相続人と被相続人との関係、各相続人の生活実態など、諸般の事情を総合的に考慮して」判断されることになります。

なお、生命保険金には法定相続人1人につき500万円の非課税枠があります。

持ち戻し

遺産分割や遺留分の計算に際して、原則10年以内の特別受益を遺産の中に持ち戻して（繰り入れて）計算します。

その特別受益の財産評価は相続開始時点が基準です。

この法律改正によって、「30年前にマイホームの頭金を出してもらった」「40年前に嫁入り道具一式を買ってもらった」などの過去に遡っての泥仕合はなくなりました。

もっとも、例外として、第1044条第1項の後半部分、第3項にあるとおり、亡くなった人と贈与を受けた相続人の双方が、「遺留分権利者に損害を加えることを知って贈与をしたときは、10年前の日より前にしたものについても」持ち戻すこととされています。遺留分を侵害するほどの多額な金額だとわかっていながら贈与した場合には、10年より前のことであっても遺産に繰り入れて算定するのです。公平の原則から当然の規定でしょう。

持ち戻しの免除

このように、この10年内の特別受益があると、原則的に持ち戻し計算することになりますが、持ち戻しの免除が行われるケースがあります。

持ち戻し免除とは、被相続人が、生前持ち戻しをしなくてよい（遺産に繰り入れない。相続分の算定にも計算しない）という意思表示をしていた場合です。この特別受益の持ち戻しの免除の意思表示の方法には、特に指定された要式はなく、書面でも口頭でもかまいませんし、明示であっても黙示であってもかまいません。

しかし、後になって、相続人間で争いが起こることを予防するために、書面にしておく、それも遺言に記載しておくことが被相続人の意思を明らかにし、相続人全員が納得するために、最適でしょう。

ただし免除したとしても、他の相続人の遺留分を侵害することは許されません。その金額の限度で、持ち戻しの免除は無効になるということです。遺言で、遺留分が侵害できないということと同じ意味です。

なお、特別受益の持ち戻し計算は、相続人間の公平な遺産分割を行うための手続き制度ですので、共同相続人全員が、特別受益の持ち戻し計算をせず、残った遺産のみを遺産分割の対象とすることに合意しているのであれば、それはそれで有効です。遺産分割はそもそも、遺言があっても、相続人全体が合意して決めることができるからです。

相続の落とし穴②

貢献を正当に評価する――寄与分

【事例】

長男夫婦は結婚以来、両親と同居していました。長男の妻は昔ながらの「嫁」として、夫の両親のそれぞれの最期まで、介護・看取りと十数年尽くしました。まさに「療養看護」をしてきたのです。それらの苦労は相続の際に、十分に報われるのでしょうか？

この条文

民法　第904条の2（寄与分）

第1項　共同相続人中に、被相続人の事業に関する労務の提供、または被相続人の財産上の給付、被相続人の療養看護その他の方法により被相続人の財産の維持、または増加について特別の寄与をした者があるときは、被相続人が相続開始のときにおいて有した財産の価額から共同相続人の協議で定めたその者の寄与分を控除したものを相続財産とみなし、第900条から第902条までの規定により算定した相続分に寄与分を加えた額をもってその者の相続分とする。

第2項　前項の協議が調わないとき、または協議をすることができないときは、家庭裁判所は、同項に規定する寄与をした者の請求により、寄与の時期、方法および程度、相続財産の額その他一切の事情を考慮して、寄与分を定める。

財産形成や増加に大きな貢献

寄与分とは、一部の相続人が、亡くなった人に対して**財産上の貢献をして、遺産の維持形成、または増加の役割を果たしたといえるような場合に、その貢献を金額に見積もったものを指します。**

典型的なものは、無償での家業手伝いや資金援助などです。寄与分をいくらと評価するかは、相続人間の協議で決めるのが原則とされていますが、決まらない場合は家庭裁判所の調停・審判に進むことになります。

実際には、他の相続人から特別受益の存在を指摘された相続人が、その指摘に事実上対抗するために「それなら言わせてもらうけれど……」と寄与分の主張を切り出すことがよくみられます。

介護による寄与分

実際によく問題となるのは、親の介護をした子どもが、介護による寄与分を主張するケースです。

民法第904条の2第1項には「療養看護」という例が挙げられているので、主張する側としては当然に認められるだろうと思いがちなのですが、家庭裁判所の調停や審判では、**「親を扶養すること自体は扶養義務の範囲内」ということで、あまり考慮されないのです。**すなわち、扶養義務の範囲内であれば、無償で行うべきものとの考え方です。

そこで、**寄与分として認められるためには「それを超える程度」であることが必要です。**例えば「仕事を辞めてまで親の介護に専念した」とか、「通常は有料でヘルパーに来てもらってするようなことを無償でしてあげていたので、その分、親の財産の流出を防ぐことができた」などと言えるようなケースです。

長年にわたり大変な苦労をして介護をした子どもとそうでない子どもがいる場合には、とても不公平に感じますが、その点については遺言や生命保険金の受け取りなどによって配慮しておくことがよさそうです。

なお、長男の妻は親族であり、「特別寄与者」に該当します。

参考 P・232 ↓ 相続人以外の者からの請求

相続トラブル①

相続人以外の者からの請求

相続は、財産を所有している人が亡くなったときの「清算」の意味があります。法定相続人以外の親族でも、亡くなった人の事業や生活について貢献している場合に、それに報いようとするのが「特別寄与料」の制度です。

しかし、内縁の妻には、残念ながら特別寄与料は認められません。さて対策は？

改正民法　**第１０５０条（特別の寄与）**

第1項　被相続人に対して無償で療養看護その他の労務の提供をしたことにより被相続人の財産の維持、または増加について特別の寄与をした被相続人の親族（相続人、相続の放棄をした者および第８９１条の規定に該当し、または廃除によってその相続権を失った者を除く。「特別寄与者」という）は、相続の開始後、相続人に対し、特別寄与者の寄与に応じた額の金銭（特別寄与料）の支払いを請求することができる。

入籍していないパートナーへの相続

正式に婚姻をしていない「愛人」「内縁の夫・妻」「パートナー」「同居人」は、いくら長年にわたって夫婦同然の暮らしをしていたとしても、法定相続人ではありません。遺言書がない限り、亡くなった人の遺産を受け継ぐことはできません。

そのため、以下のようなトラブルが起きます。

- 亡くなった父名義の家に同居していた内縁の妻が、法定相続人（正妻・子ども・きょうだいなど）から退去を求められて住む家を失う
- 亡くなった父の家を売りたいが、生前父が借金をした男性が「借金の担保だ」と言って、家族で居座ってしまった。そのため買い手がつかず、建物明け渡しの裁判にまで発展し、高額の立退料を支払って和解した
- 独身の高齢の父の家にいつのまにか20～30歳も年下の見知らぬ女性が入り込んで一緒に暮らしており、子どもたちが「遺言書を書かされたり、財産を使い込まれたりしているのではないか」と心配している

このような事態を予防するために、以下のような方法が考えられます。

・正式に結婚または養子縁組をしておくか、これまでの関係を清算して別々に暮らすようにする
・遺言書を書いたり、生前贈与をしたり、生命保険金の受取人に指定するなどして、自分が元気なうちに内縁の妻や事実上の養子の生活保障をしっかりして、立ち退くかどうかなどについても合意しておく
・勝手に婚姻届や養子縁組届を出されるおそれがあるときは、不受理申出制度を利用する

内縁の夫・妻には、民法上の相続権はありません。しかし厚生年金法などの社会福祉関係法では、**亡くなった人と「生計を共にしていた遺族」として、死亡一時金や遺族年金の受給対象者となります。**そのためには、長年亡くなった人と生計を共にしていたことの証明などの手続きが必要です。

【事例】
姑の介護をした長男の妻。姑の遺産はもらえるか？

この場合にも長男の妻は法定相続人ではないため、亡くなった姑の遺産を受け継ぐことはできません。

しかし、民法改正によって、親族（親族とは6親等以内の血族と3親等以内の姻族のことで「長男の妻」も含まれます）が、亡くなった人の生前に、無料で療養看護その他の労力を提供し、そのことによって財産の維持や増加があった場合には、「特別寄与料」という名目で、その親族から法定相続人に金銭を請求することができるようになりました。

参考　P.228↓貢献を正当に評価――寄与分

親族と法定相続人との間で協議がととのわない場合は、家庭裁判所に判断を求めることができます。家庭裁判所は、貢献の時期、方法、程度、相続財産の評価額、その他一切の事情を考慮して、その親族の特別寄与料としてふさわしい金額を決めます。

最長で相続開始から1年以内という請求期間の制限があることや、もともと無償で労力を提供していた親族で扶養義務があるため、相続人に金銭請求をするというのは心理的ハードルが高く、よほどの貢献がないと、報酬は多くは望めないでしょう。このような問題が表面化することの予防には、生前贈与、遺贈や報酬の約束をしておくなり、長男の妻であれば、長男に遺産を多めに残すなり、生前から何かしらの配慮をしておくのが望ましいでしょう。

その他の条文

民法　第1050条（特別の寄与）（続き）

第2項　前項の規定による特別寄与料の支払いについて、当事者間に協議が調わないとき、または協議をすることができないときは、特別寄与者は、家庭裁判所に対して協議に代わる処分を請求することができる。ただし、特別寄与者が相続の開始および相続人を知ったときから6カ月を経過したとき、または相続開始のときから1年を経過したときは、この限りでない。

第3項　前項本文の場合には、家庭裁判所は、寄与の時期、方法および程度、相続財産の額その他一切の事情を考慮して、特別寄与料の額を定める。

第4項　特別寄与料の額は、被相続人が相続開始のときにおいて有した財産の価額から遺贈の価額を控除した残額を超えることができない。

相続トラブル②

囲い込みと使い込み

最近増加しているのが、生前に親を他のきょうだいと会わせないようにする「囲い込み」と、親の財産管理をしていた子どもの「使い込み」をめぐる相談です。さまざまな事例を踏まえて見ていきましょう。

【事例】

父はすでに亡くなり、86歳の母が妹一家と同居中の兄です。兄が母の携帯電話にかけると母は出ず、妹が出ます。妹に「今度遊びに行くよ」と言うと、妹は「母さんは兄さんに会いたくないと言っている。連絡もしないでほしい」と言って電話を切ってしまいました。兄にはこんなふうに言われる覚えはないので、なんとか一度母親と会って誤解があるのなら解きたいと思っているのですが……。

まずは、話し合いです。他のきょうだいや親族等の信頼できる人に相談し、間に入って事情を聞いてもらいましょう。らちがあかなければ、弁護士を通して母との面会を求め、事情の説明も求めます。それでも拒否されれば、家庭裁判所に親族関係調整調停、親族間の紛争調整調停を申し立てることになります。

参考になる裁判例があります。兄が、認知症で施設に入所している両親を妹に会わせないようにした事案です。

「子が両親の状況を確認し、必要な扶養をするために、面会交流を希望することは当然であって、それが両親の意思に反し両親の平穏な生活を侵害するなど、両親の権利を不当に侵害するものでない限り、債権者（妹）は両親に面会をする権利がある」と明言して面会妨害禁止の仮処分を認めました（横浜地方裁判所平成30年7月20日決定）。

また、三女が母親と面会することを長女と次女が妨害したことについて、三女から長女と次女に対する慰謝料等１１０万円の請求が認められた裁判例もあります（東京地方裁判所平成30年12月6日判決）。

【事例】
父と兄が同居しており、父の死後、弟が父名義の預金通帳を見たところ、父が入院してから死亡するまでの間に毎日、ＡＴＭで限度額いっぱいに、総額１千万円近くの預金が引き出されていました。弟は、兄が勝手に引き出して使い込んだのではないかと思い、兄を問い詰めたところ、「親の面倒を見たのは俺だ。介護の苦労も知らないお前にそんなことを言われる筋合いはない」と言われて険悪な関係になってしまいました。

このような「使い込み」ケースは、疑わしいものも含め、非常に多いのです。資産を管理するうえでの取り決めが大切です。また、次のような対策が考えられます。

・入出金の記録や使途をメモし、領収書は保存する
・他のきょうだいからの問い合わせに誠実に答える
・大きな支出をする際には他のきょうだいにも相談する
・後見制度を利用して、家庭裁判所および専門家から選ばれた成年後見人や後見監督人に財産管理への関与をしてもらう

・後見人を選任して資産は後見制度支援信託を使う。裁判所の指示によらなければ払い戻しができない仕組みにする
・保護・管理者として一定の報酬を約束しておく

介護は金銭だけの問題ではありません。その苦労をねぎらい、ときには手伝うなどして共有することも大切です。

なお、同居している親族の間での「横領罪」は刑が免除されます。そもそもが家族内で解決すべき問題です。なお、遺産分割のときに使い込んだ金額を含めて最終調整することになるでしょうが、当事者同士で紛糾するおそれがある場合は、第三者を入れての解決を目指すことが望ましいでしょう。

その他の条文

刑法　第257条（親族等の間の犯罪に関する特例）

第1項　配偶者との間、または直系血族、同居の親族、もしくはこれらの者の配偶者との間で前条の罪（※窃盗、横領など）を犯した者は、その刑を免除する。

法律上の「勘当」……欠格・廃除

【ワンポイント】

これまでどれだけ親不孝をしてきたのか！　昔なら「勘当」と言っていたものですが、現在でも似た制度があります。

法律上、相続人になれない「欠格」。親不孝・不義理が積み重なっていたために相続させたくないと考えて裁判所に申し立てる「廃除」。

勘当ではないですが、法律には相続に際して正義を実現するための制度があります。

相続人から除外する欠格

相続人であっても、亡くなった人にとって背信的な行為や殺人・遺言書の偽造などの犯罪や非行をした人は、相続権を失います。

欠格事由があると、相続人になれません。**被相続人の意思には関係ありません。**

ある相続人が他の相続人の欠格事由を主張し、本人がそれを争っているような場合には、民事裁判で「相続権不存在確認訴訟」を提起することになります。

なお、欠格事由については、戸籍に記載されませんので、相続のときに本人が、「相続欠格を証明する書類」に署名すれば、本人を外して相続手続きをすることができます。しかし、本人がこれを認めず署名しないときは、前記の裁判を提起する必要があります。

推定相続人の廃除

廃除も法定相続人から相続権を奪う手続きですが、**廃除は被相続人の意思によるものです。**被相続人が自ら家庭裁判所に廃除審判の申し立てをするか、あるいは遺言に書いておき、遺言執行者が被相続人の死後に家庭裁判所に廃除審判の申し立てをするか、いずれかの方法を取る必要があります。

廃除は、「遺留分のある推定相続人」に対してするもので、きょうだいは遺留分がないため、廃除の対象にはなりません。仮にきょうだいに相続させたくない場合は、そのきょうだいを除外した内容の遺言を作成すれば済みます。

欠格事由に当たる行為が民法で明確に定められているのに対し、廃除事由はやや抽象的な規定です。

例えば、次のような事実について家庭裁判所で証明しなければなりません。

「暴力で被相続人を虐待」「暴言で被相続人を侮辱」「ギャンブルや浪費で多額の借金を作って肩代わりさせた」「自分との家庭生活をないがしろにし、愛人宅で長らく暮らしている」「不当な裁判を提起してきて、争っている」「犯罪行為をして迷惑をかけられた」……。

これらは、被相続人自らの体験や主観が主たる内容です。例えば、「被相続人への暴言」一つを取っても、廃除を申し立てられた相続人にはさまざまな言い分があるでしょう。生前であれば直接それに再反論できるのですが、亡くなった後では遺言執行者が有効な主張・立証をすることは困難です。「死人に口なし」で言いたい放題言われないよう、廃除は元気なうちに自らが申し立てて結論を得ておきましょう。

廃除が認められれば、家庭裁判所の審判決定書類を添付して戸籍の届け出を忘れずにしておきましょう。欠格事由と違って、廃除は戸籍に記載され、相続に際しては、この戸籍謄本によって廃除の証明をしてその人を除いた分割を進められるのです。

また、被相続人が許して遺産を相続させる気持ちになれば、家庭裁判所に理由や時期も問わず、廃除の取り消し請求をすることができます。遺言でもでき、遺言執行者が家庭裁判所に廃除の取り消し請求をします。

欠格・廃除となった本人の子どもはどうなる？

一般に、相続人が死亡した場合、その直系の子ども（子が死亡しているときは、さらにその子どもである孫）が代わって相続人となることができます。「代襲相続人」といいます。

欠格や廃除が認められた場合でも、その本人の子どもは本人に代わって代襲相続人になります。これは、**親のした非行の結果を子どもが引き継ぐのは不公平で、子どもに責任はないという趣旨からです。**

一方、相続放棄については異なっており、相続放棄をした人の子どもは代襲相続人とはなれません。放棄した相続人の意思を最大限に尊重し、その子どももその意思を引き継ぐことが相当であるとしているためです。

その他の条文

民法　第891条（相続人の欠格事由）〈抜粋〉

第1項　次に掲げる者は、相続人となることができない。

第1号　故意に、被相続人や、先順位、または同順位にある相続人を死亡に至らせ、または至らせようとしたために、刑に処せられた者。

第5号　遺言書を偽造、変造、破棄、または隠匿した者。

民法　第892条（推定相続人の廃除）

遺留分を有する推定相続人（相続が開始した場合に相続人となるべき者をいう）が、被相続人に対して虐待をし、もしくはこれに重大な侮辱を加えたとき、または推定相続人にその他の著しい非行があったときは、被相続人は、その推定相続人の廃除を家庭裁判所に請求することができる。

マイナスの遺産
は困りもの

遺産を相続したくないとき

被相続人が亡くなって3カ月が経過すると、相続人は、相続財産をすべて相続することになりますが、相続財産には、現金・株式のようにプラスの資産がある一方、債務（借金等）などのマイナスの資産もあります。こうしたマイナス資産を相続したくない場合はどうすればよいのでしょうか？

この条文

民法　第922条（限定承認）

相続人は、相続によって得た財産の限度においてのみ被相続人の債務および遺贈を弁済すべきことを留保して、相続の承認をすることができる。

借金が多すぎると予想されるために相続するか決めかねているとき、**まずすべきことは借金を含めた資産の全体を把握することです。**

次に気を付けることは、**「相続財産には手をつけない、一切使わない」ことです。**それらを3カ月以内にやり終えたうえで「限定承認」か「相続の放棄」の手続きを取ることが必要です。

限定承認

プラスよりもマイナスの遺産の方が多い可能性がある場合、プラスの遺産の範囲内でマイナスの遺産を相続することを「限定承認」といいます。限定承認をするには、被相続人が亡くなったことを知ったときから3カ月以内に家庭裁判所に限定承認の申述書を提出する必要があります。

注意が必要なのは、必ず「相続人全員で」しなければならないことです。**1人でも反対する相続人がいる場合はできません。**

そのため、マイナスになるかどうかなど財産の全体の調査が必要になりますが、調査に時間がかかる場合、3カ月を超すことを裁判所に申し立てて例外的に認められることもあります。しかし、相続人にとっては手間のかかる作業ですから、自分の資産状況については、元気なうちに財産目録を作成して把握しておき、相続人になる人たちに伝えて迷惑をかけないようにしましょう。

相続放棄

プラスもマイナスも含めて、一切の遺産を相続しないことを「相続放棄」といいます。相続放棄をした相続人は、初めから相続人ではなかったということになりますので、借金などの債務を承継することもありません。

相続放棄をするには、亡くなったことを知ったときから3カ月以内に家庭裁判所に相続放棄の申述書を提出する必要があります。限定承認と違い、一人でもできます。放棄した相続人に子どもがいる場合、その子どもは放棄した相続人に代わってその相続分をもらうことはできません。その子どもは代襲相続人にはなれないのです。

3カ月を経過してしまったら？

例えば、①3カ月以内に相続放棄をしなかった理由が「遺産がまったく存在しない」と信じたためであり、②亡くなった人の生活歴や、その相続人との交際状況などから見て、その相続人に「3カ月以内に亡くなった人の遺産調査をするべきだった」と期待することがとても困難な事情があり、前記①のように信じたとしてもやむを得ないといえる、というような場合には、「実際にその相続人が遺産の全部または一部を知ったとき」または「通常それを知ることができたとき」から3カ月以内であればよい、という例外的な取り扱いが判例（最高裁判所昭和59年4月27日判決）によって認められています。

相続財産の一部を使ってしまった場合

この場合は限定承認も相続放棄もできません。単純承認をしたことになり、マイナス財産を含む一切の財産を初めから相続したことになってしまいます。

その他の条文

民法　第921条（法定単純承認）

第1項　次に掲げる場合には、相続人は、単純承認をしたものとみなす。

第1号　相続人が相続財産の全部、または一部を処分したとき。ただし、保存行為および第602条に定める期間を超えない賃貸をすることは、この限りでない。

民法　第923条（共同相続人の限定承認）

第1項　相続人が数人あるときは、限定承認は、共同相続人の全員が共同してのみこれをすることができる。

民法　第924条（限定承認の方式）

第1項　相続人は、限定承認をしようとするときは、第915条第1項の期間内（※3カ月）に、相続財産の目録を作成して家庭裁判所に提出し、限定承認をする旨を申述しなければならない。

民法　第938条（相続の放棄の方式）

第1項　相続の放棄をしようとする者は、その旨を家庭裁判所に申述しなければならない。

民法　第939条（相続の放棄の効力）

第1項　相続の放棄をした者は、その相続に関しては、初めから相続人とならなかったものとみなす。

お金の管理を託す

家族信託

家族信託とは、不動産などの財産を持っている人（委託者）が、その財産を信頼できる家族（受託者）に預けて管理・処分などを任せ、特定の人（受益者）に利益を得させる仕組みです。

この条文

信託法　第3条（信託の方法）

第1号　信託は、委託者が、受託者との間で、「委託者が受託者に対し財産の譲渡を行い、受託者が一定の目的に従って、その財産の管理・処分その他の必要な行為を行う」という信託契約を締結する方法によって行うことができる。

家族信託とは、自分の老後や介護などに備えて、保有する不動産や預貯金などを信頼できる家族に託し、管理・処分を任せる家族のための財産管理のことです。

家族信託は相続対策として、また、老後対策としても、検討しておく価値がある制度です。

どんな使い方があるのでしょうか。実際の事例をもとに説明しましょう。

【事例】

賃貸不動産のオーナー。認知症になった場合、賃借人との契約更新や設備会社への修繕依頼などの法的な行為ができなくなってしまいます。

そこで、オーナーである父が委託者兼受益者、子どもが受託者として家族信託契約を結ぶことにしました。

まず家族信託は、賃貸不動産オーナーの認知症対策になります。

子どもは委託者である父・オーナーに代わってそれらの法的な行為を行い、家賃収入は受益者でもある父・オーナーが受け取って生活費や施設入所費に充てることができます。

オーナーの死亡後は、信託契約を終了して信託財産が子どもに帰属するよう定めておけば、信託契約が遺言書の役割も果たします。

なお、子どもを任意成年後見人にすることも一つの方策ですが、家庭裁判所への任意後見見監督人の申し立てなどの手続きが必要ですし、第三者の後見監督人への報酬も必要でしょう。親子間の契約で済むぶん、家族信託の方が簡便かもしれません。なにより事業の承継もできます。

【事例】
長男が先祖代々の土地で家業を継ぎましたが、長男夫婦には子どもがいません。そのため、いずれ長男の財産はその妻や妻のきょうだいのところに相続されてしまいます。そこで母は、長男の次の代は、しっかり者の次男の子どもに土地と事業を承継させることを希望しています。

孫の代まで財産の取得者を決めておくためには、母を委託者、長男を第一次受託者として、長男に資産と家業を承継させ、受益者は母としておきます。長男の死亡後は、次男の子ども（孫）を第二次受託者・受益者としておくと、そのまま資産と家業が孫に承継されます。

遺言で長男が次男の子どもに相続させるよう条件を入れても、きちんと実行されるか不安があります。しかし家族信託契約をした時点で次男の子どもへの承継が確定できます。

また、受益者・受託者を第一次は長男として、第二次に長男の妻、そして第三次に次男の子どもとすることもできます。

【事例】
障害のある子どもがいます。親の自分が元気なうちは責任を持って子どもの介護・ケアができますが、自分の心身が衰えていくと対応しきれない、ましてや自分の死後はどうすればよいのか悩みがあります。

親を委託者、福祉関係団体等の信頼できる先を受託者、子どもを受益者とした信託契約を結びます。親の資産を福祉関係団体に管理・運用してもらい、その運用益を子どものために使うという手法です。

親が亡くなったときは、委託者の地位を受益者である子どもに承継させるものとします。親が衰えて資産の運用・管理ができなくなっても、または親の亡き後に子どもの生活の保障ができるのです。

同様に、大切なペットを終身保護するためにこの制度を利用することも可能です。将来の必要費用を算出して金融資産を信託財産とし、ペットを預かって世話をしてくれる人と信託契約を結び、その人に信託財産を運用してもらうとともにペットの死亡までに必要費用として使い切るという手法です。

他の制度では物足りない点を補う家族信託

遺言・成年後見制度・委任

相続対策としては遺言があります。遺言で、次の世代までの相続は確定します。しかし次の次の世代（孫世代）については、条件付きの遺言（例：長男が相続した後は、次男の第2子に相続させること）があっても、遺言執行者がそこまで見届けることはできず、事実上、そのとおりの履行があるかどうかは定かではありません。

自分自身の判断力が低下したときの老後対策としては成年後見制度がありますが、裁判所の関与があり、自分の現在の意思がそのまま実現するとは限りません。

また、資産の運用・管理を委任していたとしても、死亡したり、後見開始があれば、委任契約は終了してしまいます。老後対策、死後の対応までは委任できないのです。

他方、家族信託は、他の制度の足りない点を補うことができます。それぞれ見てみましょう。

・遺言では物足りない点……孫の代まで財産の帰属を指定できます。子の次の代の孫に引き継ぐ信託契約の条項を入れておけば、子・孫の全員についての契約として確定します。

・法定成年後見制度で物足りない点……資産の運用については、法定後見人では裁判所の関与があるために、どうしても定期預金の利息程度の運用益しか望めませんが、信託契約だと、通常の投資信託などの少しリスクのある運用も可能です。信託契約に株式投資などを含めて運用方法などを定めておくことができます。希望事項を契約に入れておけば、迅速に財産の管理・運用ができます。

・委任契約で物足りない点……認知症になって後見が開始されれば、終了します。死亡しても終了です。しかし、信託は、後見開始や死亡にかかわらず契約時の意向・意思を組み込んでおけば、そのまま継続します。

以上のとおり、用い方によっては、遺言・成年後見制度・委任契約など、それぞれの短所をカバーする役割を果たせます。

ただし、次のような問題もあります。

・身上保護まではカバーできません。

・遺留分滅殺請求を避けることはできません。事業承継等の相続対策とともに、資産の評価で親族間の協議を尽くしておく必要があります。

・受託者による不正を防ぐための仕組みが必要とされています。親族間での監督制度を検討しておきましょう。

・複雑な契約になることもあるので、その仕組みを理解できる間に対応しておくことが重要です。遺言は後からの書き換えができますが、信託契約は複数の関係者があり、一方的な変更や解消はできません。

今後の対策として、遺言、後見制度、生前贈与などとあわせることも考えられます。しっかりと準備し、自己責任で慎重に進めましょう。

相続トラブル③

お墓を受け継ぐ人がいない

ウチのお墓が
なくなるみたいなの
ベタだけど
ハワイは？
ハワイ
ウチも〜
いっそ好きなとこに
行きましょうよ

【事例】

親の葬儀を済ませて納骨し、法事も無事終了してほっとしたところで、お墓をこれから誰が守っていくのか、が議論になりました。長男は、いまさら長男だからといってもお墓は遠すぎる。長女は、自分の夫の家の墓もあるので無理。地元に住んでいる次女は、結婚して苗字が変わっているのに、なぜ実家のお墓を守ったりお寺さんやお墓の周辺の親族とのつきあいをしたりしないといけないの？　と、それぞれの言い分はまさにそのとおりです。決着のめどがつきません。

この条文

民法　**第897条（祭祀に関する権利の承継）**

第1項　系譜、祭具および墳墓の所有権は、前条の規定（相続の規定）にかかわらず、慣習に従って祖先の祭祀を主宰すべき者が承継する。ただし、被相続人の指定に従って祖先の祭祀を主宰すべき者があるときは、その者が承継する。

第2項　前項本文の場合において慣習が明らかでないときは、同項の権利を承継すべき者は、家庭裁判所が定める。

お墓は遺産ではなく祭祀財産

親にとっては子孫に大切に受け継いでほしいと思っている先祖伝来のお墓。しかし子どもにとっては、責任を感じ、コストのかかる負の遺産になりかねないものです。今後については、生前によく話し合っておきましょう。

家系図、仏具、位牌などもお墓と同様、神仏や祖先を祭るためのものであるので、祭祀財産とされます。**相続の法律が適用されず、相続財産には入りません。**

したがって、金製品など高価格のものであっても、祭祀財産と認められる限り、相続税の対象になりません。また、亡くなった人のお骨やご遺体も、祭祀と同様に祭るものとされています。

祭祀を受け継ぐ人の決め方

亡くなった人が指定している場合はその指定された人ですが、一般には、その地域の慣習に従います。決まらない場合は、家庭裁判所の調停・審判で決められます。

これまで慣習上、氏・姓を同じくする長男というケースが多かったでしょう。しかし、子どもの数の減少や長男が遠距離の地にいるなどの場合も多いため、現在は、婚姻して氏・姓が変わった娘や近くにいる子どもになることが増えています。

受け継ぐと、お墓を維持し守るための費用、寺院への御布施、法事の際の親族を呼び寄せての儀式・会食費用など、手間だけでなく費用も相応にかかるため、祭祀の承継を嫌がる場合も多くみられます。

家庭裁判所での決定基準としては、次の裁判例が参考になるでしょう。

「承継候補者と被相続人との間の身分関係や事実上の生活関係、承継候補者と祭具等との間の場所的関係、祭具等の取得の目的や管理等の経緯、承継候補者の祭祀主宰の意思や能力、その他一切の事情（例えば利害関係人全員の生活状況および意見等）を総合して判断すべきであるが、**祖先の祭祀は今日もはや義務ではなく、死者に対する慕情、愛情、感謝の気持ちといった心情により行われるものであるから、被相続人と緊密な生活関係・親和**

関係にあって、被相続人に対し上記のような心情を最も強く持ち、他方、被相続人から見れば、同人が生存していたのであれば、おそらく指定したであろう者をその承継者と定めるのが相当である」（東京高等裁判所平成18年4月19日）

第三、第四の選択肢を検討する

被相続人が亡くなってから、遺族が相続財産だけでなく、祭祀をめぐる取り合い、または押し付け合いをするという情けない事態は避けたいものです。

そのためにも、遺言で承継者を指定しておき、指定された人には、費用がかかることを前提として遺産を多くした内容の遺言を残したり、生前贈与や生命保険金などで別途の資金手当てをしたりして、祭祀をするうえでの負担軽減を図り、家族の納得を得ておくことが重要でしょう。

また、どの子どもも敬遠するようなら、いっそのこと、自分の代で終わらせる「墓じまい」も選択肢として考えられます。まさに、終活の一環として、元気なうちに話し合って決断しておくべき大仕事といえるでしょう。

会社の行く末を考える

事業承継

中小企業の経営者は、元気なうちに事業承継を考えなければなりません。事業承継は想定以上に手間がかかるもの。社員に迷惑をかけないためにも、早めに取りかかりましょう。

この条文

会社法　第127条（株式の譲渡）

株主は、その有する株式を譲渡することができる。

事業承継とは、会社の事業を後継者に引き継ぐことですが、会社名義の不動産や預貯金といった一つ一つの財産だけではなく、**社員や取引先との契約関係や負債のほか、社会的信用やブランドなど、目に見えない資産の承継も含まれています。**

経営者が何も対策をしないまま亡くなると、経営者が保有していた自社の株式は、法定相続人が法定相続分に従って遺産分割によって分けることになります。すると、これまで事業とは無関係だった家族、場合によっては、きょうだいが経営に口を出してくるようになるわけですから、会社が混乱し、社員が辞めて廃業に追い込まれることもあります。早いうちから準備しておきましょう。

誰に承継してもらうか

一番の課題は「誰が承継するか」という「後継者探し」です。

主な候補には、①親族、②役員・社員、③第三者に引き継ぐ（株式譲渡による会社売却）の3つがあります。

それぞれのメリット・デメリットを簡単に表にまとめました（次ページ）。

廃業という選択

後継者がおらず、買い手もつかず、そうかといって家族で株式の遺産分割をしてもジリ貧になってしまう……。

そのような場合には、経営者の引退と同時に廃業することも視野に入れるべきでしょう。

後継者候補のメリット・デメリット

	メリット	デメリット
親族	・経営者と利害が一致し、信頼できる ・意思疎通がしやすい	・後継者としての能力や資質が不十分な場合がある ・社内で受け入れられにくい場合がある ・養成に時間がかかる ・公私混同しやすい ・親族間で不公平感が生まれやすい
役員・社員	・仕事ぶりをよく知っており、信頼できる ・社内や取引先の理解を得やすいことが多い	・後継者本人の承諾を得にくい ・養成に時間がかかる ・後継者が株式や事業用財産を買い取る資力に乏しい場合が多い ・金融機関の理解が得られず、借入金の個人保証の引継ぎが困難
第三者（株式譲渡による会社売却）	・親族や社内に後継者がいなくても廃業せずに済む ・業況のよい会社の場合、承継が比較的短期間で済み、会社の純資産額に数年分の営業権が上乗せされるので売却代金が多額になる	・社内で受け入れられにくい場合がある ・役員や社員が解任または解雇される可能性がある ・業況の悪い会社の場合、買い手探しに難航し、見つかっても安く買い叩かれる可能性がある

廃業は、会社の資産をすべて売却し、負債をすべて支払って清算し、残った財産を株主に配当するという流れになります。

役員・従業員や取引先に迷惑をかけることにはなりますし、従業員への今後の対応策も必須ですが、経営者にとっては、むしろ肩の荷を下ろしてすっきりとした老後を過ごすことができるかもしれません。

遺留分の特則

事業承継に伴って株式等の贈与をすると、経営者が亡くなった後に遺留分の問題が起こる場合があります。

そのため、「中小企業における経営の承継の円滑化に関する法律」(経営承継円滑化法)において、遺留分に関する民法の特例が設けられており、相続人と後継者が全員で合意して書面にしておけば、後継者が旧経営者から譲渡された株式について遺留分の算定に含めないこと(除外合意)や、含めるとしたうえでその金額をいくらにするか決めておくこと(固定合意)ができるとされています。株式以外の事業用財産の贈与についても前記の除外合意が可能です。

この他にも、事業承継に伴う資金を必要とする場合に、日本政策金融公庫等が低金利融資制度を設けていたり、信用保証協会が通常とは別の保証枠を設けていたりします。その他、事業承継補助金や、相続税・贈与税の猶予制度も設けられています。詳しくは専門家に相談して対策を検討しておきましょう。

その他の条文

経営承継円滑化法 **第4条（後継者のための遺留分の特例）〈株式〉**

第1項 旧経営者の相続人と後継者は、全員で合意して書面にしておけば、後継者が旧経営者から譲渡された株式について遺留分の算定に含めないことや、含めるとしたうえでその金額をいくらにするか決めておくことができる。

経営承継円滑化法 **第5条（後継者のための遺留分の特例）〈株式以外の財産〉**

第1項 旧経営者の相続人と後継者は、全員で合意して書面にしておけば、後継者が旧経営者から譲渡された財産（株式を除く）について遺留分の算定に含めないことができる。

おわりに

「はじめに」で掲げました、長寿社会を心豊かに過ごすための秘訣のうち、残り2つの「キン！」をご披露しましょう。

2つ目は「筋」。筋肉の「筋」です。

健康寿命を延ばしたい……。これを阻むものは、男性なら脳梗塞などの血管病。女性なら骨折。そして男女ともに、認知症！

これらの予防法の一つは、全身の血流を盛んにする運動です。脳にアルツハイマー病の原因物質である「タンパク質のごみ」を付着させないために。筋肉を動かすことによって血管を柔らかくする物質を生じさせるために。そして、骨や関節を保護するためにも。加齢により筋肉がやせ衰えていきますから、運動を習慣化しませんか？

実は、私は「変形性膝関節症」です。この症状を緩和し、さらに、ロコモティブシンドローム（運動器症候群）に陥らないために、スポーツジムに通い、器械を使って筋トレをしています。今年の新型コロナによる巣ごもりの間には、デスクワークの合間に、自宅でスクワットやラジオ体操、ストレッチを続けました。筋肉を意識して動かすことで心地よい疲労とともに達成感が生まれます。

3つ目は「近」。

近くの人との交流は脳の活性化、すなわち認知症予防になによりです。笑い・やりがいと生きがい・楽しみを持つ人はいつまでもいきいきとしています。インターネットによる交流も悪くはないですが、人は目と目を合わせ、互いに声をかけ合える距離での人間関係があることが、脳にはなによりのごちそうなんです。

趣味の世界での集まりなど、いくつかの居場所・遊び場を今から準備しませんか？ ボランティアや社会的な活動もできるだけ続けたいものです。それで報酬がいただけるならありがたい！ 人手不足の中、意欲ある人が望まれています。

そのための心がけは、上下関係ではなく、対等の人間関係を意識すること。本文中の「パワハラ」（P・129）は、相手の人に対する思いやり・共感性に欠けることから起きます。人とのつながりを悪化させる元凶です。第三・第四・第五の人生は、これまでの肩書きを忘れて力を抜いて日々の活動を楽しみましょう。

まだまだやりたいこと、たくさんおありですか？ どうぞそれらをリストアップして、邁進してください。

しかし、家族や周囲の方にご迷惑をかけないために、本書にあることをときどきは思い出して少しずつ必要なことをまとめていかれませんか？　愛する方々への責任です。

最後に、認知症について。

本書ではトラブル・リスクに対処するために、マイナス面ばかりを挙げましたが、私の実母を含めて実際に認知症になった人とのやりとりを思い返すと、穏やかな時の流れを共有したと感じられるのです。

徐々に徐々に、生物的存在としての人間の力を失っていき、いずれ死に至るんだという覚悟を周囲の者に抱かせる過程や時間が与えられました。もちろん、現実的な介護は困難さを増しますし、妄想に伴うトラブルなどはその人によって出現の度合いが違います。新しい記憶が薄れることは普通にあり得ること。そんなとき怒ってはいけないと思いつつ、つい声を荒げたこともありましたが……。母は「年を取ったんだからしようがない」と居直っていました。それこそ困難を笑い飛ばす「老人力」として、尊重すべきでした。私もそうありたいと思っています。

認知症になっても、尊厳ある存在、人なのです。その人の中核部分は、依然として残っており、特に、昔の記憶は驚くほどしっかりとあります。思い出をかみしめつつ、辛いことや悲しいこと、死への恐怖すら薄れていく……自然の摂理として、よくしたものです。

今後も医療・科学技術は進歩していくでしょうが、人間としての尊厳を守るために、考えるべき法律・倫理上の課題はまだまだあります。

今回、その第一歩がまとまりました。

本書の執筆協力者の皆様、関係スタッフの方々に、心からの御礼を申し上げます。実は、すべてを含めると本書の倍近い原稿がありましたが、絞りに絞ったエッセンスが本書に結実しました。

この書によって、読者の方にゆとりと安堵が生まれましたら、これにます喜びはございません。最後までお目通しいただき、ありがとうございました。

令和2年8月　住田裕子

監修・著

住田裕子　Hiroko Sumita

弁護士（第一東京弁護士会）。東京大学法学部卒業。東京地検検事に任官後、各地の地検検事、法務省民事局付（民法等改正）、訟務局付、法務大臣秘書官、司法研修所教官等を経て、弁護士登録。関東弁護士会連合会法教育委員会委員長、獨協大学特任教授、銀行取締役、株式会社監査役等を歴任。現在、内閣府・総務省・防衛省等の審議会会長等。NPO法人長寿安心会代表理事。

執筆協力
（かな順）

小笹美和　Miwa Ozasa

介護支援専門員・相続診断士。立命館大学卒業。区役所介護保険課やケアマネジャーなど介護業界で23年間勤務。相続診断士資格取得後、相続コンサルタントとして独立。2019年、笑顔相続サロン®京都ここはーと相続サポート事務所を開設。専門分野は相続・介護・終活。京都相続診断士会会長、一般社団法人社会整理士育成協会事務局長。

木野綾子　Ayako Kino

弁護士（第一東京弁護士会）。1971年生まれ。早稲田大学政治経済学部卒業。13年間の裁判官生活を経た後、2010年に弁護士登録。2016年、法律事務所キノール東京を開設。専門分野は、相続、労働（使用者側）、不動産。一般社団法人全国遺言実務サポート協会理事、NPO法人長寿安心会副代表理事等。

小林裕　Yutaka Kobayashi

証券相続士®。株式会社バリューアドバイザーズ。1986年生まれ。大学卒業後、東証一部上場岡三証券株式会社に就職。在職中は新人賞や中級職全国一位等、数々の賞を獲得。2017年4月、株式会社バリューアドバイザーズに転職。同年10月三重県相続診断士会会長に就任。2019年12月全国相続診断士会事務局を兼任。

菅野則子　Noriko Sugano

弁護士（第一東京弁護士会）。1948年生まれ。東京大学法学部卒業。1996年弁護士登録。以後、住田裕子法律事務所、若菜法律事務所などを経て、法律事務所キノール東京に所属。民事一般に対応しているが、相続、後見などの案件が多い。公益財団法人市川房枝記念会女性と政治センター常務理事。

住田邦生　Kunio Sumita

弁護士（第一東京弁護士会）。1954年生まれ。東京大学法学部卒業。検事として、東京地検検事、法務省刑事局付、法務大臣事務秘書官等を経て、弁護士登録。弁護士として、民事・行政事件の訴訟代理、刑事弁護等のほか、株式会社の社外取締役、清算人等として活動。犯罪被害者支援委員会委員。

寺門美和子　Miwako Terakado

お金と暮らしと夫婦問題の専門家。ファッションビジネスを経て、元夫と共に整体治療院の経営に携わる。自身の離婚の体験から夫婦問題カウンセラー、ファイナンシャルプランナーの資格取得。コンサルタント業務の傍ら、東洋経済オンライン、幻冬舎ゴールドオンライン、ファイナンシャルフィールド等で執筆中。

STAFF
Illustrations / 須山奈津希
Design / APRON（植草可純、前田歩来）
DTP / 有限会社エヴリ・シンク
Proofreading / 鷗来堂
Composition / 伊藤瞳

シニア六法
SENIOR ROPPO

2020年8月28日　初版発行
2023年8月5日　5版発行

監修・著／住田《すみた》 裕子《ひろこ》

発行者／山下 直久

発行／株式会社KADOKAWA
〒102-8177　東京都千代田区富士見2-13-3
電話　0570-002-301（ナビダイヤル）

印刷所／大日本印刷株式会社

【お問い合わせ】
https://www.kadokawa.co.jp/（「お問い合わせ」へお進みください）
※内容によっては、お答えできない場合があります。
※サポートは日本国内のみとさせていただきます。
※Japanese text only

定価はカバーに表示してあります。

ISBN 978-4-04-604800-4　C0032